Sebastian Frankenberger

VOLK, ENTSCHEIDE!

Visionen eines
christlichen Polit-Rebells

Kösel

Verlagsgruppe Random House FSC-DEU-0100
Das für dieses Buch verwendete FSC®-zertifizierte Papier
Classic 95 liefert Stora Enso, Finnland.

Copyright © 2011 Kösel-Verlag, München,
in der Verlagsgruppe Random House GmbH
Umschlag: fuchs_design, München
Umschlagmotiv: Liselotte Weich, München
Textnachweis: Die Bibeltexte wurden der Einheitsübersetzung der
Heiligen Schrift entnommen © Katholische Bibelanstalt, Stuttgart
Druck und Bindung: GGP Media GmbH, Pößneck
Printed in Germany
ISBN 978-3-466-37025-2

www.koesel.de

Inhalt

VORWORT

von Heiner Geißler

Unsere Republik verändert sich. Überall werden Entscheidungen von Verwaltungen, Regierungen, Parlamenten, Stadt- und Gemeinderäten in Frage gestellt. Ein Protest jagt den anderen. Noch nie ist das im Grundgesetz geschützte Demonstrationsrecht so intensiv wahrgenommen worden wie in der heutigen Zeit. Es gibt regelrechte Bürgeraufstände, auch wieder Sitzblockaden und Widerstand gegen die Polizei, die wiederum Recht und Ordnung durchsetzen muss, manchmal auch exzessiv mit Gummiknüppeln und Wasserwerfern. Aber der in manchen Kommentaren meist abfällig geäußerte Satz: »Die Leute gehen nicht mehr wählen, sondern auf die Straße«, kehrt sich ins Gegenteil um, wenn die Menschen die Chance haben, sich direkt an Entscheidungen zu beteiligen und mitzubestimmen. Das beweist die starke Zunahme der Bürgerbegehren. Seit wenigen Jahren gibt es im Schnitt 350 Bürgerentscheide pro Jahr mit steigender Tendenz seit 1990. Zwischen 1946 und 1989 gab es 28 Verfahren im Rahmen von Volksbegehren auf der Landesebene. Seit 1990 ist die Zahl dramatisch gewachsen auf 240 im Jahre 2010. Die Leute wollen offenbar ihre Angelegenheiten selber in die Hand nehmen und sind auch bereit, demokratisch gefasste Beschlüsse der Parlamente wieder zu ändern – wie zum Beispiel bei der Schulreform in Hamburg oder dem Bahnhof in Stuttgart. Das Paradebeispiel aber ist der Volksentscheid über das Rauchverbot in Bayern. Landesregierung und die Mehrheit des

Bayerischen Landtages wollten ein Gesetz über das Rauchverbot erlassen; aber es war ein löcheriges Gesetz mit einem zwar grundsätzlichen Verbot, aber mit einer Fülle von Ausnahmen und ohne scharfe Kontrollen. Da erschien ein junger Mann auf der politischen Bühne, Sebastian Frankenberger, und begeisterte die Menschen mit Visionen für eine bessere Welt. Der »christliche Polit-Rebell« will keine Kompromisse und eine radikale Entscheidung, ein totales Rauchverbot. Er wird tätlich angegriffen, im Bierzelt ausgebuht und auch von den Behörden allerlei Schikanen ausgesetzt. Dieses Buch schildert unter anderem, wie Sebastian Frankenberger sich mit dem von ihm initiierten Bürgerbegehren gegen das sogenannte Establishment von Politik und Wirtschaft durchsetzte. Das Bürgerbegehren fand in Bayern eine klare Mehrheit. Sebastian Frankenberger hat mit seiner gesundheitspolitischen Idee und der Macht seiner Sprache die Lebensbedingungen der Menschen verändert und wahrscheinlich auch verbessert. Er ist zum Vorbild geworden in einer politisch resignierenden Generation für die in der Politik so seltenen Tugenden wie Glaubwürdigkeit und Wahrhaftigkeit. Das Buch zeichnet überzeugend nach, dass auch junge Menschen mit der richtigen Sprache und einer überzeugenden Idee Vertrauen in die Demokratie zurückgewinnen können. Unsere Demokratie hat in der Zukunft nur eine Chance, wenn die Arbeit unserer Parlamente ergänzt wird durch aktive unmittelbare Bürgerbeteiligung und junge Menschen wie Sebastian Frankenberger den Mut haben, die Politik aktiv mitzugestalten.

NACH DEM VOLKSENTSCHEID

Tagebuch einer Auszeit

Liebe Leserinnen und Leser,

sicher erwarten Sie vom Autor Sebastian Frankenberger ein politisches Buch mit deutlichen Forderungen zum Thema »direkte Demokratie«. Ich werde in der Öffentlichkeit, gerade in den Medien, als Initiator des Nichtraucherschutzgesetzes in Bayern wahrgenommen und als Politiker hauptsächlich mit diesem Thema in Verbindung gebracht. Um für mehr Bürgerbeteiligung zu werben, halte ich überall in Deutschland viele Vorträge.

In diesem Buch geht es jedoch auch um etwas anderes.

Nach dem für mich sehr ereignisreichen Jahr 2010 mit gewonnenem Volksentscheid zum Nichtraucherschutz und vielen Interviewterminen gönnte ich mir Ende letzten Jahres eine Auszeit als Eremit im Turmzimmer des Linzer Doms. Diese sieben Tage von Weihnachten bis Silvester sind die Grundlage für das Buch geworden. Es ist also eine sehr persönliche Beschreibung, wie es mir als Einsiedler in einer Kirche ergangen ist. Der Rahmen des mehr oder weniger ritualisierten Tagesablaufs eines nahezu mönchischen Lebens hat mir viele Rückblicke und Reflexionen über das letzte Jahr mit seinen vielen politischen und medienträchtigen Ereignissen um das Volksbegehren ermöglicht. Es verhalf mir auch zu Vorausschau und Visionen, was meine Politik, was Kirche und Gesellschaft betrifft. Dies in meine persönliche Geschichte einzubinden und damit gut verständlich zu machen, ist mir bei meiner Arbeit im Umgang mit den Menschen wichtig.

Lassen Sie sich also berichten, wie es mir als »Mönch« ergangen ist, sehen Sie dieses klösterliche Leben mit mir als neue Erfahrung, tauchen Sie immer tiefer in diese Welt ein und lernen Sie mich dabei kennen. Und glauben Sie mir, in dieser Woche hat sich so einiges ereignet, was ich selbst im Vorfeld nicht vermutet hätte.

Sebastian Frankenberger

HEILIGER ABEND

Woher ich komme

Am 24. Dezember um 7 Uhr morgens bete ich mit zwei Freunden, Johannes und Lukas, in der Kirche meiner Heimatgemeinde St. Josef-Auerbach eine Laudes, das Morgengebet. Wir beten schon seit Jahren in der Adventzeit jeden Sonntag früh zu dritt bei Kerzenschein die *Laudes* und frühstücken danach gemeinsam. Das gehört für mich zu Weihnachten.

Dieses Jahr bin ich aber nicht richtig entspannt, denn ich habe die Auszeit im Linzer Dom vor mir und muss vorher noch alle E-Mails beantworten, mir den Schlüssel für den Dom in Linz abholen und zwei Christmetten mitgestalten.

Mittags fahre ich also schnell nach Linz. Es regnet und ist trist. In Linz scheint jedoch ein wenig die Sonne. Ich freue mich, Dommeister Clemens Pichler wiederzusehen. Er ist ein Mensch mit vielen Visionen und ich hoffe, mit ihm noch so manches Projekt auf den Weg bringen zu können.

Johannes, der Eremit, der die Woche vor mir in der Türmerstube verbrachte, freut sich, dass ich zur Schlüsselübergabe gekommen bin, obwohl ich wieder zurück nach Passau muss und dann erst spät nachts einziehen werde. So ist es für ihn ein schöner Abschluss seiner Auszeitwoche. Nach der gemeinsamen Andacht findet die Schlüsselübergabe traditionell beim Mittagessen im Kolping-Hotel statt. Aber das Hotel hat über die Feiertage geschlossen. So begeben wir uns (die Kolpingshausleiter, die Köchin für die Eremiten, der Dommeister, die spirituelle Begleiterin meines Vorgänger-Eremiten Johannes sowie seine Lebensgefährtin) auf »Herbergssuche«, aber erst in der vierten Gaststätte werden wir aufgenommen. Johannes leidet unter der Konfrontation mit den vorweihnachtlichen Menschenmassen nach der Woche Stille.

Wie werde ich mich wohl nach einer Woche ohne Kontakt zur Außenwelt fühlen? Abgeschieden in 66 Metern Höhe in einer kleinen Stube?

Die Schlüsselübergabe folgt einem festgelegten Ritual. Der Eremit, der die Auszeit beendet, darf drei Sätze sagen, die spirituelle Begleiterin zwei und ich, als Kommender, einen. Johannes erzählt, wie sich seine Erwartungen an die Eremitenzeit gar nicht erfüllten und er gelernt habe, keine Erwartungen zu haben, wie er viel langsamer geworden ist, viel bewusster und wie er dem Eremitensein weiter nachspüren will.

Ich habe ein sehr bewegendes Jahr hinter mir und ich wünsche mir, in dieser Woche Auszeit einfach zurückschauen zu können auf alles, was geschehen ist. Aber ich wünsche mir auch, mein Vorhaben, die Gleichnisse Jesu genauer anzuschauen, umzusetzen: zum einen, weil ich ein Musical-Libretto dazu schreiben möchte, zum anderen, weil ich mir dadurch Anregungen und Inspirationen für mein politisches Handeln erhoffe. Nachdem ich den Schlüssel, das Eremiten-Notfallhandy und Geschirrtücher überreicht bekommen habe, verabschieden wir uns.

Die Rückfahrt durchs Donautal ist genauso seltsam wie die Hinfahrt. Ich komme einfach nicht zur Ruhe. Ständig schwirrt mir meine To-do-Liste im Kopf herum. Ich muss noch dringend einen Antrag an den Bundesvorstand der ÖDP schicken, damit ich als Bundesvorsitzender eine Aufwandsentschädigung bekomme. Denn momentan arbeite ich zwar mehr als Vollzeit, bekomme aber nichts dafür. Auf Dauer kann das nicht gut gehen. Mitten in diese Hektik in meinem Kopf kommt mir die Erinnerung an den Heiligen Abend 2009. Es war ein Tag mit herrlichem Wetter. Ich kam von einer meiner Linzer Stadtführungen und war genervt, dass ich mit schrecklich nach Rauch stinkenden Kleidern im Auto sitzen musste, obwohl es schon eine Stunde her war, dass ich mit der Gruppe im Lokal gewesen war. Es wurde geraucht. In Österreich gibt es ja noch keinen wirklichen Nichtraucherschutz. Aber in Bayern wurde gerade darüber diskutiert, das Rauchverbot, das am 1. Januar 2008 von der CSU- Staatsregierung eingeführt worden war, am 1. August 2009 zurückzunehmen. Es war Mitte April und ich hatte kein Verständnis dafür, dass wir jetzt in Bayern in allen Gaststätten wieder zugequalmt werden sollten. Wenn das Verbot in den Speisegaststätten lange Zeit funktioniert hat und wenn man dann in Österreich wieder dem Rauch ausgesetzt ist, dann fragt man sich: Warum, liebe Politiker in Bayern, müsst ihr dieses hervorragend funktionierende Gesetz zurücknehmen?

Weil in der ÖDP gerade ein neuer Landesvorstand gewählt war, der frisch und dynamisch wirkte, dachte ich mir: Vielleicht solltest du in der nächsten Woche, in der konstituierenden Sitzung am 18. April, einfach einmal die Frage stellen, ob wir nicht zu diesem Thema ein Volksbegehren machen könnten. Damit wirklich einmal das Volk entscheidet. Denn ich war nicht der Einzige, den es stört, wenn er im Rauch sitzen muss. Es funktionierte doch nahezu überall auf der Welt, dass nicht geraucht wird. Diese Idee, die Anfrage wegen eines Volksbegehrens, war genau genommen der Anlass für die Auszeit, die ich heute Abend beginne.

In Passau angekommen, schreibe ich noch schnell einige E-Mails und poste auf Facebook, dass ich mich eine Woche in die Eremitage zurückziehen werde. Leider schaffe ich es nicht mehr, meinen Rucksack zu packen, um nach dem Kindergottesdienst und der Christmette ganz entspannt nach Linz fahren zu können.

Auf der Fahrt von der Altstadt in Passau, wo ich direkt neben dem Scharfrichterhaus wohne, in meine Heimatpfarrei St. Josef-Auerbach, in der ich seit meinem 9. Lebensjahr ministriere, telefoniere ich mit dem Chefredakteur der *Am Sonntag* wegen eines Berichts über meine Eremitenwoche.

Christmette

In der Sakristei werde ich von den kleinen Ministranten willkommen geheißen: »Servus, Fränki.« Die Stimmung in dieser Gemeinschaft ist einfach wunderbar und tut mir nach dem Stress unendlich gut. Als verantwortlicher Ministrant versuche ich, den kleinen und dann auch den großen Sängern die Nervosität zu nehmen, und rede ihnen gut zu. Beim *Sanktus* fällt mir auf, dass die Kleinsten noch nicht vorn bei der Krippe stehen. Unser Pfarrer winkt sie heran. So können sie sich das Christuskind in der Krippe mit Josef und Maria anschauen.

Die Kommunion reicht mir mit einem: »Schön, dass' da sind, Sebastian« ein inzwischen alter Mann, der mir schon als 9-jährigem Ministranten die Kommunion jeden Sonntag früh gegeben hat. Er lächelt und ich fühle mich zu Hause wie der kleine Bub damals.

Das Weihnachtsfest ist für mich jedes Jahr die Zeit der größten Besinnung, des Innehaltens, des Zu-mir-Kommens, aber auch das Fest des gemeinsamen Miteinanders, wenn keine Feindschaft mehr zu spüren ist, wenn wir Menschen auf der ganzen Erde uns endlich einmal als Einheit sehen – an diesem Fest der Liebe.

Am Ende des Gottesdiensts stehen die Ministranten an den Ausgängen und wünschen den Messbesuchern frohe Weihnachten. Ich habe das eingeführt, weil ich es schön finde, wenn zumindest an Weihnachten und Ostern diese frohe, festliche Stimmung mit einem Händedruck den Gottesdienstbesuchern vermittelt und in ihren Alltag mitgegeben wird. Außerdem hören die Ministranten und die Sänger auf diese Weise viel Lob: »Gut habt's das gemacht, schön, dass ihr da seid.«

Seitdem ich Stadtrat bin, wird mir unterstellt, dass ich nur wegen der Wählerstimmen ministriere. Es geht mir aber um die Menschen, es geht mir darum, ihnen etwas zu vermitteln, den Mitwirkenden eine Gemeinschaft zu bieten, ein Zusammengehörigkeitsgefühl und das Gefühl, dass sie aktiv an etwas teilnehmen können. Ich selbst komme mir vor wie in einer großen Familie, in der ich mithelfe, damit sich alle gut aufgehoben fühlen.

Später bei meinen Eltern gibt es wie jedes Jahr Schweinswürstel mit Sauerkraut, Punsch dazu und Glühwein und Semmeln. Ich unterhalte mich in der Küche mit meiner Mutter über den Gottesdienst, denn sie selbst hatte heuer keine Zeit hinzugehen. Ich schwärme ihr von der Gemeinschaft vor. Beim Essen fragt mich mein Vater nach meinen politischen Plänen und was mich meiner Meinung nach in der Eremitage erwartet.

Nachdem ich noch schnell meine E-Mails gecheckt habe, fahre ich gemeinsam mit meiner Mutter zur Christmette. Während der Messe, kurz nachdem ich die erste Lesung vorgetragen habe, bemerken wir Ministranten, dass wir den falschen Ablaufplan haben, nämlich den vom Vorjahr. Ich laufe während des nächsten Gesangs in die Sakristei und kopiere im Pfarrbüro schnell den aktuellen Ablaufplan. Ich bin rechtzeitig zurück und gebe meiner Mutter, die die nächste Lesung lesen darf, und dem Pfarrer den richtigen Plan.

Alles läuft danach reibungslos und es ist eine würdevolle Christmette. Wir Ministranten in Auerbach sind bei den Gottesdiensten richtig gefordert und müssen und können uns einbringen und mitbestimmen. Der Pfarrer fragt mich jedes Jahr, ob ich wieder ministrieren möchte, weil er weiß, dass dann alles gut geht und die Stimmung besinnlich sein wird.

Was ich in diesem Jahr wieder durchsetzen konnte, ist, dass es außer den Kerzen am Christbaum kein elektrisches Licht in der Kirche gibt. Es gehört zum Weihnachtsfest, dass zu Beginn der Messfeier alles dunkel ist und dann nur die Krippe mit Kerzen erleuchtet wird und die Christbaumkerzen entzündet werden als Ausdruck dafür, dass Christus geboren ist und Licht in die Welt gebracht hat.

Nach der Christmette fahre ich meine Mutter heim. Dann geht's ab in meine Wohnung. Die letzten E-Mails geschrieben, noch mal kurz bei Facebook vorbeigeschaut und auf meinen Post. Tatsächlich gibt es schon Kommentare zu meinem Vorhaben, eine Woche als Eremit zu leben. Es freut mich, dass viele positive Meldungen darunter sind. Jemand schreibt, dass es doch gut wäre, wenn sich mehr Politiker einmal zurückziehen würden. Natürlich plane ich diese Eremitentage hauptsächlich für mich, aber ein bisschen freut es mich trotzdem, wenn solch ein Posting aufgeht und Denkprozesse und Diskussionen anstößt, wie Politiker denn eigentlich sein sollten, oder auch, wie man mit dem Glauben umgeht.

Donautalfahrt

Und kurz nach ein Uhr ist es dann so weit: Ich sitze im Auto und fahre nach Linz. Hinter der österreichischen Grenze überlege ich, welche Musik ich hören möchte. Weihnachtslieder? Es ist schließlich Heiliger Abend. Aber nach zwei bis drei Liedern möchte ich einfach meine ›Musik im Donautal‹ hören.

Ich fahre im Jahr fünfzig bis hundert Mal durchs Donautal und höre oft, gerade wenn ich nachts unterwegs bin, gregorianische Gesänge vom *Hilliard Ensemble* und zart-klangvolle Saxophonmusik von Jan Gabarek. Man fühlt sich dann, als wäre man ein Pilger, der im Mittelalter mit Pferden oder Karren unterwegs ist, der langsam den Fluss entlanggeht und an verschiedenen Klöstern vorbeikommt und hört, wie die Mönche ihre Gesänge üben.

Als ich unterhalb der Burg Vichtenstein vorbeifahre, träume ich: Es wäre toll, in so einer Burg zu wohnen. Ich weiß natürlich, was es bedeutet, eine Burg zu bewohnen und zu erhalten. So wie ich jetzt in meiner Wohnung über den Dächern von Passaus Altstadt lebe, ist es doch besser! Das Kloster Engelhartszell ist wunderbar hell angestrahlt. Es ist eine traumhaft schöne Nacht. Bisher ist mir kein einziges Auto begegnet.

Auf der Burg Rannariedl auf der gegenüberliegenden Flussseite schimmert durch ein einziges Fenster Licht. Ich begrüße die Burg mit zwei Fingern, wie ich es immer mache, wenn ich vorbeifahre. Vor ein paar Jahren entdeckte ich hinter den von Efeu überwucherten Mauern einen kleinen aufgelassenen Friedhof. Es war im Frühjahr, teilweise waren die Gräber noch mit Schnee bedeckt. An anderen Stellen hatten sich bereits Krokusse und Schneeglöckchen durch den hart gefrorenen Boden gekämpft. Der Friedhof ist größtenteils verfallen, schon lange gibt es kein neues Grab mehr, aber es stehen doch Kerzen auf einigen Gräbern. Auf manchen der halb umgefallenen und zerbrochenen Grabsteinen sind Fotos mit den Namen und Berufen der Verstorbenen zu erkennen. Der Gedanke schießt mir durch den Kopf, dass ich im letzten Jahr diesen Friedhof gar nicht besucht habe, und ich nehme mir vor, das in diesem Frühjahr nachzuholen.

Es beginnt langsam zu schneien. In der Schlögener Schlinge bemerke ich, dass ich sehr müde bin, nehme aber trotzdem nicht die kürzere Strecke, sondern fahre den kleinen Wasserwirtschaftsweg unten an der Donau entlang. Man braucht zwar eine halbe Stunde länger, ist aber mitten in der Natur, dort, wo kein Haus mehr steht, wo es nur tiefe Schluchten gibt, begleitet von der breiten, langsam und majestätisch fließenden Donau. An den Hängen stehen naturgeschützte Bäume. Die Schöpfung ist wunderbar. Wenn ich hier fahre, genieße ich diesen Anblick und spüre großen Respekt vor dieser Schönheit.

Doch heute ist die Schlögener Schlinge irgendwie anders. Es ist stockfinster. Ich sehe fast nichts, nur die Lichter meines Autos erhellen den kleinen Wasserwirtschaftsweg. Auf der rechten Seite geht es steil hinauf, teilweise ragen die Felsen in die kleine Straße hinein, sodass ich heftige Kurven fahren muss. Auf der linken Seite geht es, meist ohne Geländer, sofort in die Donau hinab. Mir wird langsam immer schauriger zumute, denn der Weg ist nicht geräumt und ich habe doch Angst, dass ich stecken bleibe. So fahre ich ganz langsam und taste mich immer weiter in die Schlögener Schlinge hinein. Zum Glück liegt der Schnee nicht hoch, es sind nur fünf bis zehn Zentimeter. Meine Reifen ächzen und knarzen, es ist rutschig und ich muss ziemlich aufpassen, dass ich genau in der Fahrspur bleibe.

Zwei Schwäne tauchen plötzlich als weiße Lichtreflexionspunkte auf der schwarzen Donau auf. Hoffentlich habe ich sie nicht aufgeschreckt. Die Schneeflocken werden immer dichter und spiegeln sich im hellen Strahl der Scheinwerfer. Ab und zu verirrt sich eine kleine Flocke und bleibt auf der Windschutzscheibe für längere Zeit liegen. Die Strecke wird immer tiefer verschneit. Trotzdem fürchte ich mich nicht. Die Vertrautheit der Strecke und die wohlwollenden Klänge des *Hilliard-Ensembles* geben mir das Gefühl, gut behütet zu sein. Und schon tauchen drüben am anderen Ufer die Häuser der Jausenstation Obermühl auf. Auf einmal fällt mein Scheinwerferlicht auf eine Fähre. Sie liegt aber nicht auf dem Wasser, sondern das Schiff steht auf einem Metallgestell und ragt bizarr über die dunkelschwarze Donau. Ich kann die Schiffsschraube erkennen, um die herum in der Luft die fallenden Schneeflöckchen wirbeln und in meinem Scheinwerferlicht einen Tanz aufführen – ein Augenblick, der mir noch lange im Gedächtnis bleiben wird. Ich freue mich und wie immer, wenn ich glücklich bin und einen solchen Moment tief in mich aufsauge, wird mir warm ums Herz und ich spüre mein innerstes Feuer. Da kommt mir eine frühere Tradition in meiner Gemeinde in den Sinn, wie alle ehemaligen Ministranten, die bei der Christmette ministrierten, und alle aktiven Ministranten immer nach der Mette noch im Pfarrheim gemütlich zusammengesessen und bei Punsch und Stollen über dies und jenes geredet haben. Leider wurde dieser Brauch nach kurzer Zeit beendet; ein damaliger Oberministrant, mittlerweile Kaplan, wollte ihn nicht. Aber weil heute Weihnachten ist, möchte ich mich nicht wieder aufregen. Ich selbst versuche den Brauch, dass Ehemalige an Weihnachten wieder ministrieren, neu einzuführen und so langsam kommen auch immer mehr. Doch meine Generation fehlt. Viele haben inzwischen Familie und wohnen weit weg. Wenn eine Gemeinschaft einmal zerbrochen ist, ist es schwierig, sie neu aufleben zu lassen. Deshalb gilt es, Gemeinschaften zu pflegen.

Ich spüre plötzlich, dass ich doch ziemlich erschöpft bin, und muss aufpassen, dass ich nicht in den Sekundenschlaf falle. Zum Glück hatte ich trotz vieler nächtlicher Fahrten noch nie einen Sekundenschlaf. Jetzt versuche ich es mit den üblichen Tricks: das Fenster öffnen und laut singen. Es sind zwar nur noch etwa zehn Minuten nach Linz zu fahren, aber ich pausiere doch lieber in der nächsten Busbucht. So etwas habe ich in diesem Jahr schon häufiger gemacht. Mindestens zwanzigmal habe ich auf Parkplätzen und Autobahnraststätten übernachten müssen. Ich stelle mir den Wecker auf drei Uhr, damit ich im ausgekühlten Auto nicht erfriere. Außerdem möchte ich unbedingt in der Nacht noch in die Turmstube einziehen. Ich schließe die Augen, aber meine Gedanken kreisen die ganze Zeit um Weihnachten und dass ich doch in dieser Nacht nicht einfach hier neben der Straße übernachten kann. Darum reiße ich mich noch einmal zusammen und fahre weiter. Zum Glück erreiche ich bald Linz. Nach dem Römerberg geht es links in die Herrenstraße Richtung Dom, wo genau vor dem Turm noch ein Parkplatz frei ist. Ich will nur noch ins Bett.

Einzug ins Eremitenzimmer

Sicherheitshalber nehme ich meine Taschenlampe aus dem Handschuhfach und auch mein Handy, das ich eigentlich im Auto lassen wollte. Aber die Batterie des Notfallhandys, das ich mittags vom Vorgänger-Eremiten Johannes erhalten habe, ist leer, und wer weiß, ob ich es nicht doch brauche, wenn ich irgendwo ausrutsche oder stecken bleibe. Meinen übervollen und schweren Wanderrucksack auf den Rücken geschnallt, gehe ich zum Sakristeieingang. Ich schließe auf, mache Licht und schließe gleich wieder zu. Wo ist die Code-Tafel, um die nächste Tür zu entsichern? Ich will schließlich keinen Alarm auslösen!

Als ich sie endlich gefunden habe, stehe ich ratlos davor und denke über die Kombination nach. Im Mai hatte ich sie das letzte Mal gebraucht, weil ich damals den Generalschlüssel des Linzer Domes hatte, um auch nachts die Lichtinstallation im Dom aufbauen zu können, und heute beim Mittagessen habe ich noch groß getönt, dass ich wisse, wie der Code funktioniert, und man mir das nicht erklären müsse. Ich probiere diverse Codes aus. Da ich ein Geräusch an der Tür, die ich aufsperren möchte, höre, bin ich mir ziemlich sicher, dass sie entriegelt ist. Als ich aber den Schlüssel in das Schloss stecken will und es nur ganz leicht mit der Schlüsselspitze berühre, geht der Alarm los. Ich renne zurück zur Codetafel und drücke verschiedene Tasten. Aber der Alarm geht nicht aus. Die Tür kann ich auch nicht aufsperren. Anscheinend ist sie noch nicht entriegelt. Ich drücke wieder an der Codetafel herum. Ah – endlich die richtige Kombination. Die Tür geht auf.

Ich befinde mich im Vorraum der Sakristei, die Tür zur Sakristei jedoch ist versperrt. Da höre ich drinnen auch schon das Telefon klingeln. Der Kontrollanruf vom Sicherheitsdienst. Wo ist nur die Codetafel für die Sakristei? Der Code von draußen funktioniert hier nicht. Auch der Schlüssel sperrt nicht. Ach, ist mir das jetzt peinlich! Ich ärgere mich richtig. Warum habe ich heute beim Mittagessen nicht noch einmal nachgefragt und musste so großspurig sein? Na, wenigstens bin ich jetzt wieder richtig wach. Was tun? Falls der Wachdienst auf dem Notfallhandy anruft, nützt es nichts, es hat ja keinen Strom. Zum Glück habe ich mein privates Handy dabei. Soll ich Clemens, den Dommeister, anrufen? Oder warte ich lieber noch ein wenig? Es klingelt noch einmal in der Sakristei, aber ich komme ja nicht hinein!

Ich halte mich ganz ruhig. Jedes Geräusch von außen scheint mir den Wachdienst anzukündigen. Doch nachdem er nach gefühlten zehn Minuten noch immer nicht auftaucht und der Alarm noch weiterbimmelt, gehe ich zur Tür Richtung Hauptschiff. Sie ist zum Glück ohne Code gesichert, ich sperre sie auf und hinter mir gleich wieder zu. Jetzt stehe ich mitten im Dom. Stille. Durch die großen Fenster, die bei Sonnenschein wunderbar herrlich in allen Farben erstrahlen, fällt nur ein wenig dumpfes Licht. Es ist düster, das Licht leicht bläulich in manchen Ecken und Winkeln, manche sind auch richtig schwarz. Da – das Geräusch eines vorbeifahrenden Autos. Ich bleibe stehen. Aber es tut sich nichts, nur der Alarm in der Sakristei heult leise.

Je weiter ich mich im Dom Richtung Turm von der Sakristei wegbewege, desto leiser wird das Heulen. Langsam komme ich wieder zu mir. Ich bleibe kurz im Langhaus stehen. Endlich bin ich wieder in *meinem* Dom! Für einen kurzen Moment vergesse ich die ganze Aufregung um den Alarm und bin einfach nur da.

Wie komme ich aber jetzt in den Turm hinauf? Warum habe ich danach nicht auch gefragt? Rechts war doch der Aufzug? Aber den nehme ich lieber nicht. Wie hat der Vorgänger-Eremit gesagt? Als Eremit benutzt man keinen Aufzug! Außerdem bin ich hier schon zweimal stecken geblieben. Also suche ich auf der linken Seite die Tür. Zum Glück gibt es nur eine. Mein Schlüssel sperrt und ich beginne die enge Wendeltreppe hinaufzusteigen. Mit meinem großen Rucksack stoße ich immer wieder an die Stufen über mir an. Dann kommt ein Gitter mit der Aufschrift »Alarmgesichert!«. Aber ich muss doch weiter! Weit und breit keine Codetafel zu sehen. Ich will nicht noch einen Alarm auslösen. Aber jetzt ist mir schon ziemlich alles egal. Ich will einfach nur noch in die Eremitenstube. Das Gitter lässt sich zusammenschieben – kein Alarm ertönt. Ich erreiche nach einigen weiteren Stufen den unteren Glockenturm, in den ich hineinsteigen muss. Hier pfeift der Wind eiskalt. Es ist ziemlich gespenstisch. Überall an den Wänden gibt es schauderhafte Schattenwürfe der Stahlkonstruktionen. Mir läuft es kalt den Rücken hinunter. Die gotischen Fensteröffnungen unterstreichen diese bizarren nächtlichen Eindrücke.

Die Taschenlampe und den Schlüssel fest fassend, finde ich den Aufgang zur nächsten Ebene. Beim Einstieg muss ich mich wieder ducken, um nicht mit meinem Rucksack anzustoßen. So steige ich die Wendeltreppe mit mehreren Windungen zum zweiten Glockenstuhl hinauf. Auch hier geht es über Metalltreppen, die aber nicht – wie bisher – durch einen steinernen Turm mit wenigen Fenstern führen, durch den ich mich irgendwie geschützt gefühlt habe, sondern im Freien, direkt an den Glocken vorbei nach oben. Der Wind pfeift mir um die Ohren und die Zahnräder geben knarrende Geräusche von sich.

Langsam werde ich müde und hoffe, dass ich bald oben bin. Merkwürdigerweise habe ich trotz dieses bizarren Aufstiegs keine Angst mehr. Ich leuchte mit meiner Taschenlampe nach oben und gleich wieder hinunter. Einfach weiter! Nach der Wendeltreppe kommen mehrere Schrägen mit Stufen. Ja, will denn das nie enden! Noch einmal eine Wendeltreppe und endlich eine Tür ins Freie. Links daneben eine Metalltür. Na, endlich! Mein Schlüssel sperrt die Tür auf und ein Licht geht an. Die nächste Tür ist aus Holz mit einem Fenster und – ich bin in meiner Eremitenstube. Ruhe umfängt mich.

Ich schalte das Licht an und schließe hinter mir zu. Nach einer kurzen Inspektion des Zimmers beziehe ich mein Bett und möchte einfach nur noch schlafen. Es ist aber viel zu heiß. Ich lüfte und stelle die Heizung ab. Eingekuschelt in meine Decke lese ich die Anleitung für Eremiten, die ich mittags bekommen habe. Hätte ich mir diese Information doch schon vorher durchgelesen! Hier ist nämlich genau beschrieben, wie man nachts die Sakristeitür mit welchem Code aufsperren kann. Im Schreiben ist auch genau erklärt, was zu tun ist, wenn der Alarm losgeht; dass man sich an den Wachdienst wenden sollte. Ach ja, das Notfallhandy. Ich suche nach dem Ladegerät und stecke es ein. Ich lösche das Licht und will schlafen. Da schalte ich es doch noch einmal ein und rufe den Wachdienst an. Nach einer kurzen Wartezeit meldet sich eine Dame: »Hallo, ich bin der Eremit im Linzer Dom. Ich habe aus Versehen den Alarm ausgelöst.« Die Dame fragt nach dem Notfall-Codewort. Wieder hätte ich heute Mittag nachfragen sollen. Im Mai wusste ich es noch, aber ich verwechsle es immer. Aber die Dame sagt: »Ach, ich seh gerade, der Wachdienst hat schon beim Dom vorbeigeschaut. Es ist alles in Ordnung.«

Beruhigt lege ich auf. Ich schalte mein Handy aus. Vier Uhr dreißig. Ein ganz schön langer Heiliger Abend!

ERSTER WEIHNACHTSFEIERTAG

Meine Kraftquellen

Ich habe unruhig geschlafen, mein Hals tut weh und mir war in der Nacht sehr heiß. Nach dem Stress war klar, dass ich krank werden würde. Gegen zehn Uhr wache ich das erste Mal richtig auf. Ich habe nicht vor, die nächsten Tage in dieser Stube mit dickem Kopf zu verbringen, und nehme deshalb Tabletten ein und koche mir einen Tee. Zum Glück habe ich auch meine blaue, flauschige Wärmflasche eingepackt. Die kleine Eremitenstube nehme ich durch meine verschwommenen Augen noch gar nicht richtig wahr. Ich lege mich gleich wieder hin.

Gegen zwölf Uhr wache ich wieder auf, gehe zur Toilette, krieche aber sofort wieder unter meine Decke. Das Kranksein nervt mich. Ich war in diesem Winter noch kein einziges Mal krank. Aber vielleicht ist genau jetzt der richtige Zeitpunkt, um krank zu werden. Zum ersten Mal habe ich Zeit, meinen Körper »herunterzufahren«. Nach einem sehr anstrengenden Jahr, vielen Interviewterminen, vielen Vorträgen, häufigem Unterwegssein durch ganz Bayern und etlichen Kurztrips nach Berlin zu Talkshows hatte ich nicht wirklich Zeit, alles zu begreifen und zu verarbeiten. Mein Körper möchte wohl jetzt endlich entspannen.

Normalerweise nehme ich keine Tabletten, wenn ich krank werde. Denn für mich sind die meisten Krankheiten ein Zeichen des Körpers, dass ihm irgendetwas nicht passt: Wenn die Ohren zu sind, ist das ein Zeichen, dass ich etwas nicht hören will. Wenn der Hals und das Schlucken wehtun, ist es ein Zeichen, dass ich irgendetwas nicht aussprechen will. Ich ziehe mich dann zurück und versuche, der Sache auf den Grund zu gehen, herauszufinden, warum ich krank werde. Tabletten nehme ich nur, wenn es gerade nicht anders geht, wie zum Beispiel zur Zeit des Volksbegehrens 2010, als ich jeden Tag fit zu sein hatte und meinem Körper keine Auszeit gönnen konnte. So etwas holt mich aber innerhalb von Wochen oder Monaten wieder ein, dann wird mein Körper richtig krank und sagt: Jetzt nimmst du dir endlich Zeit.

Ich will diese Tage in der Eremitenstube aber genießen können, mir nicht alle zwei, drei Minuten die Nase schnäuzen müssen und mich bei jedem Schluck Tee drüber ärgern, dass ich krank bin.

Ich verkrieche mich noch etwas unter meiner Decke, da klopft es an der Tür. Ich mache auf. Vor mir steht Schwester Bernadette, die mich in den nächsten Tagen spirituell begleiten wird. Ich habe die Möglichkeit, mit ihr Gespräche zu führen, damit ich nicht allein in meiner Gedankenwelt versinke.

Sie trägt einen blauen Rucksack in der Hand: »Weil heute kein Mittagsgebet ist und ich nicht wusste, ob wir uns heute zum Gespräch treffen, habe ich mir gedacht, ich komme Sie besuchen.« Ich bitte sie herein und bedanke mich, dass sie gleich mein Essen mitgebracht hat. In den blauen Rucksack packen die Hauswirtschafterinnen vom Kolpinghaus Linz jeden Tag das Mittag- und Abendessen und das Frühstück für den nächsten Tag hinein.

Normalerweise sollte ich den Rucksack selbst nach oben tragen, denn jeden Tag um zwölf Uhr findet in der Krypta unter dem Hochaltar des Mariendoms die Eremitenandacht statt. Ehrenamtliche Laien beten gemeinsam mit dem Eremiten eine halbe Stunde, es ist ein Stillhalten in der hektischen Zeit ihres Alltags. Während dieser Zeit wird der Eremitenrucksack ausgetauscht.

Doch heute, weil Hochfest ist, erster Weihnachtsfeiertag, hat es keine Eremitenandacht gegeben. Und weil ich den ganzen Vormittag verschlafen habe, habe ich auch meinen Rucksack noch nicht abgeholt.

Schwester Bernadette und ich vereinbaren, dass wir uns um halb fünf bei ihr im Kloster treffen. Obwohl ich ihr im Schlafanzug gegenüberstehe, bin ich nicht verunsichert. Normalerweise achte ich darauf, dass ich gerade Leuten, die ich noch nicht so gut kenne, mit perfektem Äußeren gegenübertrete. Aber ich bin schließlich Eremit, habe keine Dusche und bin krank, also darf das schon mal sein, meine ich.

Refugium über dem Dom

Ich freue mich aufs Essen. In dem großen blauen Rucksack finde ich viele kleine, gut verschließbare Plastikboxen. In einer sind Wurst und Käse, in einer anderen eine Tomate und kleine Gurkenstückchen, in wieder einer anderen ist Salat. In einer runden Dose ist Salatdressing vorbereitet, in einer anderen Suppe. Ich esse sie als Erstes. Als ich mir meinen Teller hole und nach einem Löffel suche, wird mir zum ersten Mal so richtig bewusst, dass ich in der Eremitenstube bin.

Ich schaue mich um. Es ist keine alte Stube, so wie man sich eine Glöcknerstube vielleicht vorstellt. Nein, sie ist rundum aus neuem Holz gezimmert. Mein Bett besteht aus einem Gestell mit einem Holzlattenrost, den man am Kopfende hochklappen kann. Darauf liegt eine graue Matratze mit einem dünnen Bettlaken und einem dick gepolsterten Kissen. Zusätzlich gibt es eine graue Wolldecke, die mich an die Bundeswehrdecke erinnert, die mein Vater immer im Auto dabeihat.

Ich habe natürlich mein eigenes Bettzeug mitgebracht und

das Bett letzte Nacht noch überzogen. Ich liebe es, im eigenen Bettzeug zu schlafen, im Gegensatz zu den sterilen Bettbezügen in den Hotels.

Auf den Regalbrettern über dem Bett stehen verschiedene Bücher, ein Malblock, Schreibutensilien und Zeichenstifte. Die Bibliothek ist recht gut bestückt: natürlich mit der Bibel, einem Bibellexikon, dem Talmud und Schriften der Kirchenväter.

Doch ich habe mir vorgenommen, außer meiner eigenen Bibel, die ich mitgebracht habe, wirklich nichts zu lesen. Ich mag meine eigenen Bücher, denn ich kritzle beim Lesen gern Notizen hinein für späteres Weiterlesen oder wenn mir etwas wichtig erscheint.

Neben dem Regal, über dem Kopfteil des Bettes, ist eine Lampe angebracht. Daneben hängt ein Nichtraucherschutzzeichen an der Wand. Ich bin überrascht und überlege, ob es extra meinetwegen hier aufgehängt wurde. Aber es ist sicher ein ernst gemeinter Hinweis, weil im Kulturhauptstadtjahr viele Eremiten hier waren und man sie darauf hinweisen wollte, dass die Stube aus Holz gezimmert ist und dass doch bitte keiner den Turm des Mariendoms in Linz abfackeln möge.

Trotzdem – mich verfolgt dieses Zeichen. Wer über eineinhalb Jahre mit dem Nichtraucherschutz zu tun hatte, der sieht in jedem Bahnhof, in jedem Lokal, an jeder Wand als Erstes immer das Zeichen: meistens ein roter Kreis mit einer rot durchgestrichenen schwarzen Zigarette, von der Rauchschwaden aufsteigen.

Ich blicke mich weiter in meinem Zimmer um. Das Fußende des Bettes stößt unter dem Regal direkt an den Schreibtisch. Dahinter das Fenster. Es ist einem gotischen Fenster nachgebaut, nach oben lang gezogen, mit einer Wölbung. Doppelt verglast, schirmt das Fenster den Lärm von draußen wunderbar ab. Auf dem Schreibtisch steht eine kleine Nachttischlampe, ganz in Grau. Der Schreibtisch weist noch kaum Gebrauchsspuren auf. Er ist aus hellem Holz geschreinert, vermutlich Buche oder

Ahorn. Dazu gehört ein Stuhl mit Armlehnen und grauem Sitzkissen. Unter den Schreibtisch habe ich meinen eigenen Rucksack gestellt. An der Wand rechts neben dem Schreibtisch gibt es eine kleine Hakenleiste, daran hängen mein Mantel und mein Jackett sowie mein Schal, meine Handschuhe und meine Mütze. Am Boden darunter stehen meine Schuhe in einer grauen Schale.

Daneben ist die Holztür mit dem Glasfenster, rechts davon die Küche: ein Waschbecken, zwei Herdplatten und – wie ein Tisch – eine Ablagefläche zum Ausklappen. Alles sehr gut durchdacht.

An der Rückwand hängt eine Zeitschaltuhr, über die der Strom eingeschaltet wird. Eine Sicherheitsmaßnahme, damit niemand die Eremitenstube in Brand setzt, wenn der Herd versehentlich eingeschaltet bleibt. Hinter den Herdplatten steht ein Wasserkocher, der dringend entkalkt gehört. In einem offenen Schränkchen darüber entdecke ich Töpfe, zwei Gläser und zwei Teller, dazu Instantkaffee, verschiedene Teesorten, Marmelade, Honig, Zucker, Kaffeesahne, Instantsuppen und Salzbrezeln. Ich glaube, die Eremiten im Mittelalter hätten sich gewundert. Er ist wirklich gut bestückt, dieser Vorratsschrank.

Im Kühlschrank finde ich noch einige Eier und Käse in Plastikboxen vom Vorgänger. Auch Streichkäse und drei kleine Butterportionen sind vorhanden. Nebenan ist ein Putzschränkchen mit Geschirrhandtüchern, Putzutensilien, Tüten, Glühbirnen – alles, was man in einer Eremitenstube für eine Woche sauberes Wohnen braucht. Es gibt auch eine Schublade mit Besteck: Löffel, Messer, Gabeln, scharfe Messer, ein Schöpflöffel, Korkenzieher und Flaschenöffner.

Rechts an der Wand steht ein Heizstrahler auf einer speziellen, hitzebeständigen Matte. »Immer auf Stufe zwei bis drei eingestellt lassen!«, vermerkt die kleine Hinweistafel, vermutlich, damit die Eremitenstube nicht zu sehr auskühlt und die Wasserleitung nicht einfriert. Ein Stück weiter geht es zur Toilette mit einer winzigen Kloschüssel. Egal, wie sehr man auch die Knie abwinkelt, man stößt trotzdem mit den Zehenspitzen an die Tür.

Nachdem ich die Suppe gegessen habe, ziehe ich aus dem Essensrucksack eine weiße große Styroporbox. Sie enthält einen großen Teller mit gelbem Deckel und zwei kleine Schalen ebenfalls mit gelben Deckeln. In einer ist Salat, in der anderen Kuchen. Auf dem Teller liegen zwei Scheiben Fleisch mit Soße und Reis. Ich esse mit Appetit die warme Mahlzeit, den Rest packe ich in den Kühlschrank.

Die frohe Botschaft

Was werde ich in das Eremitentagebuch schreiben? Reden kann ich, aber schreiben? Ich bin meistens froh, wenn ich keine Texte für Flyer oder Pressemeldungen schreiben muss. Ich erzähle lieber. Aber bevor ich mich jetzt verrückt mache, nehme ich meine Bibel heraus und beginne im Lukasevangelium zu lesen. Ich habe mir vorgenommen, in diesen Tagen ganz bewusst im Neuen Testament die Evangelien nach Matthäus, Markus und Lukas zu studieren. Ich möchte einmal wieder das Leben Jesu vom Anfang bis zum Ende nachvollziehen.

Das letzte Mal habe ich das im Alter von zehn, elf Jahren getan, als ich mit den Ministranten an einer »Bibelolympiade« teilgenommen habe. Tatsächlich zeigt die Bibel für Politiker einen Weg auf, wie in einer Gesellschaft grundsätzlich mit den Schwächeren umgegangen werden sollte. Ich selbst kann aus der Bibel für meine eigenen programmatischen Forderungen unterstützende Argumente ziehen. Ich bin wirklich schon gespannt. Aber ich habe mir diese Lektüre noch aus einem zweiten Grund vorgenommen. In den letzten beiden Jahren haben wir mit der

Musikgruppe *Schalom* um Martin Göth ein sehr beeindruckendes und tief gehendes Paulus-Musical aufgeführt. Wir erzählen dabei die Geschichte vom Völkerapostel Paulus, wie er durch die Mittelmeer-Länder gereist ist und welche Entwicklungen er selbst durchgemacht hat. Dabei geht es hauptsächlich um die Gnade, die Paulus verkündet, um die frohe Botschaft Jesu Christi, eine liebevolle Botschaft, die alle Menschen einlädt, am Tisch Gottes teilzuhaben, ohne Trennung nach Geschlecht, sozialem Stand, Konfession oder Nationalität. Dies ist für mich eine der wichtigsten Botschaften für mein politisches Handeln. Wir leben in *einer* Welt. Wir dürfen niemanden benachteiligen.

Jedes Mal, wenn wir dieses Musical aufführen, bin ich tief beeindruckt. Es ist für mich eine tiefe spirituelle Erfahrung, eine Erdung, ein Aussteigen aus dem politischen Alltag. Deshalb habe ich beschlossen, ein Fortsetzungs-Musical, ein Libretto dazu zu schreiben. Ich möchte aber dieses Mal nicht die Lebensgeschichte Jesu erzählen, die jeder kennt, angefangen von der Geburt bis zur Passion, sondern eine Geschichte von Jesus, die uns seine Spiritualität, seine Botschaft näherbringt – über seine Gleichnisse. Für mich besteht diese Botschaft in der Nächstenliebe, die niemanden ausgrenzt, unterdrückt und in jedem Menschen etwas Göttliches sieht.

Ich beginne meine Lektüre nicht mit den Gleichnissen, sondern fange mit der Weihnachtsgeschichte im ersten Kapitel des Lukasevangeliums an. Es ist eine schöne Einstimmung, in der Eremitenstube als Erstes die Geschichte zu lesen, die wir gestern noch mit den Ministranten in der Kindermette gespielt haben: Der Engel Gabriel verkündet Maria die frohe Botschaft; sie besucht ihre Cousine Elisabeth; sie macht sich mit Josef nach Betlehem auf zur Volkszählung, dann die Geburt, die Flucht nach Ägypten, die Rückkehr und die ersten öffentlichen Auftritte von Jesus als Prediger.

Viele dieser Geschichten habe ich gar nicht mehr richtig in Erinnerung, stelle ich fest. Ich lese mich fest und bin vertieft, als die Glocken auf einmal laut schlagen. Es ist vier Uhr nachmittags. In einer halben Stunde habe ich den ersten Termin mit meiner Betreuerin Schwester Bernadette. Ohne Handy und Uhr ist es ganz schön schwierig, sich zeitlich zu orientieren – aber auch sehr entspannend. In der Regel überprüfe ich alle fünf bis zehn Minuten meine E-Mails auf dem Handy, um ständig auf dem Laufenden zu sein, Informationen regelrecht aufzusaugen. Meine E-Mail-Adresse als Parteivorsitzender ist in vielen Verteilern von Kreisverbänden, Vorständen und Arbeitskreisen eingetragen. Dementsprechend ist die Flut der Eingänge, es dürften fünfzig bis hundert oder zweihundert E-Mails pro Tag sein. Natürlich müssen nicht alle beantwortet werden, aber mir ist es wichtig, gut informiert zu sein, denn nur so kann ich bei Veranstaltungen argumentativ aus dem Vollen schöpfen, mich und andere vernetzen, Konflikte rechtzeitig erkennen und Synergie-

31

Effekte schaffen. Dank Internet bin ich ständig auf dem Laufenden.

Hier in der Stube tut es aber richtig gut, einmal kein Handy zu nutzen und mich einfach mal in einem Buch zu verlieren. Es ist schon lange her, dass ich mich richtig entspannt habe.

Ich koche mir noch einmal Tee und lese im Matthäusevangelium die sogenannten Seligpreisungen. Ich mache mir in meiner Bibel einige Notizen, streiche die Stellen an, die mich faszinieren. Es sind Textstellen, die mir für mein eigenes Leben etwas bringen:

Gerade in Bezug auf die Beschimpfungen nach dem Volksbegehren empfinde ich die letzte Seligpreisung (Mt 5,11) als sehr wohltuend: »Selig seid ihr, wenn ihr um meinetwillen beschimpft und verleumdet werdet. Freut euch und jubelt: Euer Lohn im Himmel wird groß sein. Denn so wurden schon vor euch die Propheten verfolgt.« Ich werde zwar nicht wegen Gott verfolgt, aber der Einsatz für den Nichtraucherschutz und damit für Gesundheitsschutz und Jugendprävention hat doch etwas Prophetisches. Dem Aufruf in Mt 5,42: »Wer dich bittet, dem gib, und wer von dir borgen will, den weise nicht ab«, versuche ich sowieso nachzukommen, aber dass es im Kontext mit der Liebe zu den Feinden (Mt 5,43–48) und der Vergeltung (Mt 5,38–41) geschehen soll, erfordert Überwindung. Sehr fasziniert bin ich auch von Mt 5,34, wenn Jesus davon spricht, dass wir uns nicht um das Morgen sorgen sollen, »denn der morgige Tag wird für sich selbst sorgen. Jeder Tag hat genug eigene Plage«. Diese Aufforderung ist gerade bei den vielen verschiedenen Projekten, in denen ich stecke, nicht immer einfach umzusetzen. Dafür bestärkt mich Mt 7,12–14, dass der Weg, der ins Verderben führt, der breite ist und der Weg zum Leben durch das enge Tor führt, schmal ist und dass ihn nur wenige gehen. Gerade wenn man bei einer kleinen Partei engagiert ist und als Führungsperson provoziert und wenn man wie ich hofft, auf dem richtigen Weg zu sein, kann diese Passage Mut machen.

Es wird Zeit aufzubrechen. Ich ziehe Jacke, Mütze und Handschuhe an und mache mich auf zu Schwester Bernadette. Mein Notfallhandy stecke ich ein und stelle dabei fest: Es ist schon zwei Minuten vor der verabredeten Zeit und ich sollte mich wirklich beeilen.

Es geht den Glockenturm hinab, zuerst die schrägen Stufen. Leichter Schnee ist gefallen und ich halte mich am Geländer fest. Eine tolle Stimmung! Auch wenn meine Nase ziemlich verstopft ist, tut die kalte, frische Luft gut. Trotz des dicken Mauerwerks ist in der Nacht durch die unverglasten Fenster etwas Schnee ins Treppenhaus gefallen. Man sieht noch die Spuren von Schwester Bernadette, die mir heute bereits den Essensrucksack gebracht hat. Ich versuche nicht auszurutschen und taste mich auf der Stahltreppe weiter nach unten. Immer wieder lasse ich den Blick durch die Fenster hinaus über das weihnachtliche Linz schweifen.

Jetzt aber schnell an den Glocken vorbei, nicht, dass sie zu schlagen beginnen, während ich gerade hier bin! Wer weiß, wie laut das ist und ob es nicht mein Trommelfell zerreißt. Ich schaffe es gerade noch an der *Immaculata* vorbei in das steinerne Wendeltreppenhaus, als ich von oben den Halbschlag höre. Unten im Dom wähle ich bewusst den Weg durch das Mittelschiff und freue mich über den Linzer Dom: Die Fenster leuchten, der Christbaum steht mächtig da.

Geld ist nicht das Wichtigste

Ich eile über den Domplatz, vorbei an der Kapelle des Klosters, in Richtung Kloster der *Barmherzigen Schwestern.* Es sind nur wenige Meter, nicht mehr als zweihundert, bis zum Pforteneingang. Ich läute. Mir wird geöffnet und eine alte, verrunzelte Klosterschwester blickt freundlich aus dem Pförtnerstübchen heraus.

»Ich bin der Eremit und möchte zu Schwester Bernadette.«
»Ja, ja«, höre ich nur und schon wird die zweite Tür aufgemacht. Da wartet bereits Schwester Bernadette und begrüßt mich mit einem freundlichen Handschlag. Sie führt mich in den Raum um die Ecke gleich bei der Eingangspforte, dorthin, wo wir im Sommer letzten Jahres bereits ein erstes Kennenlerngespräch geführt haben. Bei diesem Gespräch ging es darum, ob sie für mich die richtige Begleiterin sein würde. Ich gestehe: Danach war ich spontan skeptisch, denn ich dachte mir: Sie ist freundlich, aber wird sie mich auch verstehen? Sie hatte relativ wenig gesagt. Von einer Begleiterin erwarte ich mehr. Sie soll mich anspornen, sodass ich das Gefühl haben kann, wir sind auf gleicher Wellenlänge, und ich wünsche mir spirituell den einen oder anderen Anstoß. Warum habe ich damals nicht auf jemand anderem bestanden? Das mache ich eher selten, weil ich fast immer nachgebe und meine eigenen Wünsche zurückstelle. Aber dieses Mal geht es doch um *mich*, es ist *meine* Auszeitwoche! Aber, Sebastian, lass dich drauf ein!, denke ich und versuche mich zu entspannen. Schau, vielleicht hast du die Frau zu schnell beurteilt und dein Gefühl hat dich getäuscht. Warte einmal ab. So rede ich mir zu und nehme auf der Eckbank an einem Tisch Platz. Schwester Bernadette sitzt mir gegenüber auf einem Stuhl. Auf dem Tisch eine gehäkelte Decke mit schönen Ornamenten und ein Blumengesteck – alles wirkt etwas behütet. Dennoch habe ich den Eindruck, dass der Raum für ein Ge-

spräch gut ist. Wir zünden eine Kerze an und Schwester Bernadette sagt: »Es ist schön, wenn man im Gespräch ein Licht hat,
wenn jemand dabei ist.«

Wir beginnen das Gespräch mit einem *Vaterunser*. Sie fragt
mich als Erstes, wie es mir geht, und ich berichte von meinem
Einzug in den Linzer Dom, von meinem nächtlichen Abenteuer,
aber auch ganz intensiv vom gestrigen Tag und von meinem Mi-
nistrantendienst. Ich komme im Laufe des Gesprächs auch darauf, warum ich in Linz diese Auszeit mache. Natürlich erzähle
ich vom letzten Jahr, von der Politik. Aber sie fragt mich noch
einmal, warum ich überhaupt nach Linz gekommen bin.

So erzähle ich von meinen Fremdenführungen. Ich habe damit vor fast zehn Jahren in Passau bei Matthias Koopmann,
dem Passauer Historiker, angefangen. Zwei Jahre später hatte
ich die Idee, das Unternehmen auf Österreich auszuweiten. Weil
dort eine staatliche Lizenz nötig ist, habe ich in Linz die Ausbildung zum staatlich geprüften Fremdenführer gemacht. Die
Ausbildung dauerte ein Jahr mit vielen Kursen und wöchentli-
chen Fortbildungen an der Wirtschaftskammer und einer ziemlich intensiven Prüfung in Geschichte, Kunstgeschichte, Geo-
grafie, Tourismuswirtschaft, Politik und einer mündlichen
Prüfung, einer Führung in Englisch und in Deutsch.

Ich biete jedoch keine normalen Führungen an, erzähle ich
Schwester Bernadette. Die Idee zu einem unkonventionellen
Führungskonzept stammt von Matthias Koopmann, er nennt
es »Interaktive Kostümtheater-Stadtführung«. Er legt seinen
Schwerpunkt auf Geschichtsvermittlung und baut die Führungen dafür ganz raffiniert auf. Er bindet die Teilnehmer direkt in
die Führung ein, indem er sie die historischen Persönlichkeiten
spielen lässt. Dazu stellt er ihnen Fragen, erklärt, wer mit wem
wie gehandelt hat, sodass Geschichte in Anekdoten lebendig
und kurzweilig vermittelt wird.

Ich habe dieses Konzept übernommen und weiterentwickelt,

indem ich den Schwerpunkt noch mehr auf die schauspielerischen Elemente lege (www.stadtlux.at). Während einer Führung kann es beispielsweise geschehen, dass jemand als Mozart hervortreten und einen Chor dirigieren darf. Der Chor besteht aus den Männern der Gruppe. Die stelle ich auf und sage in altertümlich-gestelzter Sprache und in historischem Kostüm: »Werte Damen, ich präsentiere Euch den Linzer Kastratenchor, welcher unter der Leitung von Wolfgang Amadeus Mozart Euch nun singet zwei Oktaven tiefer ein kleines Ständlein.« An dieser Stelle singt der »Männerchor« ein regional bekanntes Lied oder ein Kinderlied. Die Männer singen alle mit, die Damen dürfen danach ebenfalls eine Strophe zum Besten geben. Durch diese oder ähnliche Methoden der Spielpsychologie wird zusätzlich während der Führung das Gemeinschaftsgefühl gestärkt.

Beim Start der Führung geht es darum, sofort zu erkennen, welche Personen für die verschiedenen historischen Figuren besonders geeignet sind. Bei Schulklassen versuche ich schnell, die eher »aufmüpfigen« Kinder zu beteiligen. Sie werden sofort als Stadtsoldat oder in eine andere wichtige Rolle eingebunden, die sich durch die ganze Führung zieht. Auf diese Weise stören sie nicht, erhalten Aufmerksamkeit und Anerkennung. Es sind manchmal auch Rollen, in denen Leute einen kleinen Dämpfer bekommen: Machos spielen häufig den Kaiser, dem aber irgendetwas Peinliches passiert oder der vom Volk nicht gemocht wird. Aber das geschieht auf liebevolle Weise, sodass jeder der Gruppe zwischendurch oder am Schluss Applaus bekommt. Eine zurückhaltende Frau erhält eine Prinzessinnenrolle, in der sie glänzen kann, angesehen ist und viel Bewunderung erntet. Es geht mir bei den Führungen also auch um Wertschätzung für jede und jeden und um gruppendynamische Effekte. So werden schon mal bei einer Geburtstagsfeier, wenn ich merke, dass die Schwiegermutter mit dem Schwiegersohn nicht »kann«, Verwandte als Prinzenpaar miteinander »verheiratet«: Sie müssen sich niederknien. Ich singe: »Wollet Ihr Euch lieben, achten und ehren in guten wie in bösen Tagen?« Und die beiden müssen interagieren, auf witzige Weise, was vielleicht das Eis bricht. Jeder bekommt Spitznamen, sodass lange danach in der Gruppe neckend gefragt wird: »Wisst ihr noch, wie das war in Linz?«

So erlebt man Geschichte einmal anders: Sagen oder Legenden zur Stadt, Historisches zu Personen, immer gut recherchiert, dabei zu jeder Station nur eine Jahreszahl. Es ist wichtig, Zusammenhänge zu vermitteln: Was geschah in dieser Epoche im Herkunftsland der Besuchergruppe? Es geht auch darum, die Wurzeln unserer Identität kennenzulernen. Wo kommen wir her, was macht unseren Kulturraum aus?

Wenn wir uns selbst verstehen, so lautet meine Philosophie, dann können wir das Leben glücklich gestalten, dann können wir uns entfalten, dann können wir auch mit anderen in Kontakt treten. Um andere wiederum zu verstehen, braucht es Toleranz. Und Toleranz beginnt bei uns selbst. Wer sich selbst versteht, kann anderen ohne Scheuklappen begegnen, ist offen für Neues, braucht sich nicht zu verschließen. Schwierig ist es, Toleranz zu üben, wenn man kein Selbstbewusstsein entwickeln konnte.

Bei den Stadtführungen muss man natürlich geschult sein, am Anfang gleich herauszufinden, zu wem welche Rolle passt. Darum war es gut, dass ich die Ausbildung zum NLP-Practitioner gemacht habe. Neurolinguistisches Programmieren ist ein Psychotherapie-Verfahren aus Amerika. Dieses Verfahren, das sich mit Verhaltensmustern beschäftigt, hilft mir, in einer Gruppe bald zu erkennen, wer zu welcher Rolle passt. Außerdem versuche ich auf dem Weg durch die Stadt mit den Leuten ins Gespräch zu kommen. Immer die, die ich in eine Szene eingebunden habe, begleite ich ein Stück, damit sie wieder aus der Rolle aussteigen können. Ich frage sie, wie es ihnen geht, was für eine Gruppe sie sind. So erfahre ich manche Details, zum Beispiel, wer mit wem nicht kann. Gerade bei Schulklassen wird immer viel erzählt und die Schüler geben mir begeistert Empfehlungen, wer als Nächstes eine Rolle bekommen sollte.

Wichtig ist zwar, die Leute mit vielen schauspielerischen Einlagen zu begeistern und zu informieren, noch wichtiger aber ist, dass sie sich wohl und aufgehoben fühlen. Sie sollen spüren, dass ich zwar der »Fachmann«, aber zugleich einer von ihnen bin. Das ist generell mein pädagogisches Konzept, mit dem ich auch in Jugendgruppen arbeite.

Schwester Bernadette hört zu, sagt wenig und wenn, dann wartet sie kurze Zeit, bis sie ganz unaufgeregt fragt, wie das denn geht, woher ich das kann und wie ich das gelernt habe. Aber dieser kurze Moment, den sie abwartet, verunsichert mich. Sie schaut mir dabei tief in die Augen. Ich bin jemand, der normalerweise schnell denkt und sehr schnell reagiert. Und nun gibt es diese Pause. Schwester Bernadette lässt sich und mir Zeit. Ich finde es einerseits irritierend, diesen Moment auszuhalten, ohne sofort eine Reaktion zu erhalten, ohne gleich zu wissen, wie sie mich beurteilt, und ich muss warten, was sie sagt. Es ist andererseits aber auch sehr spannend, denn dadurch muss ich noch einmal überdenken, was ich gerade gesagt habe.

Die Stunde vergeht schnell – ich bin schließlich auch zu spät gekommen. Schwester Bernadette ist beeindruckt, dass ich Führungen oft unentgeltlich mache, beispielsweise, wenn eine Schulklasse kein Geld hat, oder wie im letzten Jahr eine Führung in Prag für eine Fachschaft der Uni Passau. Ich erhalte dann nur die Fahrkosten und verdiene daran nichts. Aber mir ist bei den Führungen wichtig, Wissen auf andere Art und Weise zu vermitteln, zu zeigen, dass Geschichte Spaß machen kann, dass man angeregt wird, etwas über sich selbst zu erfahren. Ich will gruppendynamische Effekte wirken lassen, besonders bei Schulklassen. Das Geld kommt dann eher durch Firmenkunden herein, die es sich leisten können.

Geld ist für mich nicht das Wichtigste. Ich habe gelernt, mir darum keine Sorgen zu machen. Wenn man auf sich selbst vertraut, wird man immer genau so viel zum Leben haben, wie man braucht. Natürlich gibt es bei mir auch Zeiten, in denen ich nicht weiß, wie ich bis zum Monatsende alles finanzieren soll. Aber zum Glück habe ich immer noch meine Mutter, die seit Anbeginn hinter mir steht ohne Wenn und Aber. Genügsam zu sein, das ist für mich eine wichtige Voraussetzung für das Leben auf diesem Planeten und für das Handeln in der Politik, um dieses Leben nachhaltig für alle Generationen zu ermöglichen. Das heißt für mich, nicht zuerst an Geld zu denken, sondern an die Sache, für die man sich einsetzt, und darauf zu vertrauen, dass die anderen einen angemessen bezahlen werden. Auch darauf zu vertrauen, dass es nicht nur eine Geldquelle gibt, sondern verschiedene. Sich selbst vertrauen! Gerade während des Studiums, als ich nicht wusste, ob ich danach einen Job haben würde, und dann lieber in die Selbstständigkeit ging, war es nicht einfach. Aber ich habe mich von diesen materialistischen Gedanken gelöst. Mein Lebensstandard ist dennoch gut und vor allem bin ich zufrieden und glücklich. Ich habe aufgehört zu vergleichen: Wer hat das? Wer hat jenes? Ich brauche keine großen Urlaubsreisen. Natürlich sollte es auch nicht so sein wie momentan, dass ich als Bundesvorsitzender nicht einmal eine Aufwandsentschädigung bekomme. Es muss der Parteitag im Februar entscheiden, ob ich überhaupt ein Gehalt bekomme, und wenn, dann wird es sehr bescheiden sein. Auch als stellvertretender Geschäftsführer der ÖDP gab es nur wenig Honorar. Teilweise deckte es nicht einmal meine Fixkosten. Bei den Fahrtkosten, besonders mit dem eigenen Auto oder bei Anschaffungen, die zur Kommunikation nötig sind, wie Laptop und Handy, musste ich investieren und bekam nicht alles erstattet. Aber das Wichtigste ist, die Sache zu sehen und darauf zu vertrauen, dass es funktioniert. Natürlich rede ich leicht so, weil ich momentan keine Familie zu ernähren habe. Vielleicht würde ich dann anders denken, aber ich hoffe, dass ich mir diese lockere Herangehensweise und das Vertrauen in die eigenen Fähigkeiten und das soziale Netzwerk erhalten kann. Diese Grundeinstellung ist wichtig. Denn wer des Geldes – auch des Ansehens und der Macht – wegen Politik macht, lässt sich allzu leicht von den Geldgebern der Wirtschaft verführen.

Gemeinsamkeit

Schwester Bernadette und ich gehen zusammen in die *Vesper*. Die Marienschwestern vom Karmel beten jeden Abend um halb sechs in ihrer kleinen Kapelle eine *Vesper*. Ich freue mich schon darauf, denn die Psalmen zu singen, wie ich es mit Lukas und Johannes jeden Adventssonntag in der *Laudes* tue, gibt mir ein schönes Gefühl. Zum ersten Mal bin ich auf das Stundengebet der Kirche als Sechzehnjähriger aufmerksam geworden, als ich mit meinen Ministranten ein Wochenende im Kloster Aigenschlägl verbrachte. Die Mönche beteten jeden Morgen um sechs Uhr die *Laudes,* an der wir teilnehmen durften. Wir waren damals so fasziniert vom gregorianischen Gesang, dass wir selbst daraufhin jedes Jahr in der Adventszeit das Morgengebet singen.

Darum freue ich mich besonders auf den Gesang der Marienschwestern. Ungefähr fünfzehn Schwestern singen in der kaum besetzten Kirche mit hohen, klaren Stimmen das Abendlob. Ihr Gesang hat etwas Beruhigendes. Zu den Schwestern haben sich nur zwei, drei Kirchenbesucherinnen gesellt. Weil es ein Hochfest ist, gibt es auch einen Pfarrer, der die *Vesper* begleitet.

Ich verabschiede mich von Schwester Bernadette, sie wünscht mir baldige Genesung. Ich gehe in den Dom, denn um viertel vor sieben findet ein Abendgottesdienst statt. Die Stimmung ist mystisch, durch eine indirekte Beleuchtung im Gewölbe gewinnt der Raum an Größe. Weit hinten setze ich mich in die Bank, hinter dem Querschiff, weil ich dadurch diese Raumwirkung intensiv wahrnehmen kann. Und dort sind nicht so viele Menschen um mich herum. Es ist eine sehr festliche Abendmesse. Ich will kräftig mitsingen, aber wegen der Erkältung schone ich lieber meine Stimme. Ich spüre auch, wie ich im Kopf doch noch etwas benommen bin. Ministranten gibt es keinen, aber eine Klosterschwester, die als Kantorin tätig ist und die herzhaft, mit kräftiger Stimme singt, und einen netten Kommunionhelfer.

Man spürt die Gemeinsamkeit am Altarraum. Der Mesner Sigi kommt während der Gabenbereitung mit dem Sammelkörbchen zu mir. Er freut sich, dass ich da bin und dass ich als Eremit oben im Turm lebe. Wir plaudern kurz, auch wenn es mitten im Gottesdienst ist. Sigi bin ich sehr zu Dank verpflichtet, denn er hat uns geholfen, als wir im Mai 2010 bei der Lichtinstallation im Dom technische Fragen hatten.

Nach dem Gottesdienst gehe ich gleich, ohne mit jemandem zu sprechen, in meinen Domturm. Ich erklimme die Wendeltreppe und werfe einen Blick in den Dachstuhl. Die schwere Eisentür ist gegen Rost mit Schutzlack gestrichen, wovon schon einiges abgeblättert am Boden zu sehen ist. Der Rost hat auch schon ein paar Stellen aufgebrochen. Ich öffne die zwei Hebel und stehe vor dem dunklen, hohen Dachstuhl. Es ist still und kalt. Diesen Dachstuhl habe ich zum ersten Mal an einem sonnigen Frühlingstag gesehen. Dommeister Clemens Pichler hat den Lichtkünstler Michael Kantrowitsch und mich durch den ganzen Dom und durch den Dachstuhl geführt. Es ging darum, für die *Lange Nacht der Kirchen* die Lampen zu positionieren. Ich hatte die Lichtinstallation in diesem Gotteshaus organisiert und zusammen mit Michael, der für das Konzept und Design verantwortlich war, über zweihundert Lampen aufgestellt. Dabei war es uns wichtig, dass wir nicht irgendwelche Farbspiele veranstalten, sondern dezente Wechsel, passend zur Musik. Das Vokalensemble *Lala* hat zur Eröffnung gespielt und mit Klängen und Stimmimprovisationen, untermalt durch unsere Lichtimprovisationen, einen sphärischen Raum geschaffen. In dieser akustisch-optischen Darbietung schien die transzendentale Glaubensphilosophie der gotischen Zeit ausgedrückt. Alles war auf einen herrlichen, nachirdischen und unendlichen Himmel ausgerichtet, der sich durch diese Lichtinstallation im Dom geöffnet und gezeigt hat.

Ich erinnere mich an den immensen Einsatz. Für nur einen Abend wurde eine Woche lang alles auf- und danach in einer Nacht komplett abgebaut. Und ich, mit der Organisation des Volksentscheids täglich quer durch Bayern unterwegs, fuhr abends noch schnell nach Linz, um die Installation mitzugestalten (Fotos unter: www.arsluminis.de).

Jetzt gehe ich auf dem Dachboden ganz nach vorn bis zur Vierung, wo das Querschiff das Langhaus schneidet, also bis über die Vierungskuppel. Mit meinem Schlüssel sperre ich die Außentür auf. So gelange ich hinaus auf den Umgang kurz unterhalb des Daches. Ich kann jedoch nicht sehr weit gehen, weil auf dem Gesims Schnee liegt.

Von hier draußen hat man einen herrlichen Blick und ich schaue hinauf zu meiner Eremitenstube, aber auch hinab, wo noch einige Menschen über den Domplatz gehen. Ich weiß noch, wie ich mit Michael hier oben einen Strahler aufstellen wollte, um den Turm zu beleuchten. Es war uns nämlich wichtig, dass die Lichtinstallation nicht nur innerhalb der Kirche stattfand, sondern die Besucher auch von außen anlockte.

Dass »Kirche« auf diese Weise den Menschen nahegebracht werden kann, ist für mich sehr reizvoll. Damit sind neue, sinnliche Erfahrungen verbunden, nicht nur für diejenigen, die mit Kirche vertraut sind, sondern auch für jene, die überhaupt nichts mit Gotteshäusern anfangen können.

Ich beispielsweise kann in einem Gotteshaus viel Ruhe und Kraft tanken. Es ist ein einmaliger Ort und ich nehme mir in meinem hektischen Alltagsleben, wenn ich von Wahlkampftermin zu Wahlkampftermin hetze, immer wieder Auszeiten in einer Kirche. Zum einen sind Kirchen an besonderen Orten gebaut, wo man die Kraft spürt, zum anderen ist eine Kirche für mich ein heimatlicher Ort. Ein Ort, mit dem ich viele Erinnerungen aus der Kindheit verbinde, Erinnerungen an meine Ministrantenzeit, an die vielen Stunden, die ich in der Kirche verbracht habe beim Vorbereiten der Hochfeste und – wie damals im Mai – auch die vielen Stunden, die das Vorbereiten einer Kirchennacht und einer Lichtinstallation braucht.

Besonders in Erinnerung bleibt mir die letzte Nacht vor der *Langen Nacht,* als Michael die Stimmungen programmiert hat: Ich sehe ihm zu und beantworte dabei meine E-Mails – in der Kirche. Die Kirche ist ganz leer. Ich habe innerhalb einer Woche fast jeden Winkel kennengelernt, habe Kabel geschleppt, Lampen aufgebaut. Und so spüre ich jetzt den Kirchenraum als einen mir eigenen Ort, mit meinen Erlebnissen, meinem ganz persönlichen Bezug. Michael probiert die Farben aus, wir programmieren sie für die Abschlussandacht zum Lied »Da berühren sich Himmel und Erde«. Es wird eine amber- und ockerfarbene Grundstimmung auf dem Boden im Altarraum. Dazu im Gegensatz der Himmel im Gewölbe in tiefem Blau. Genau ein Lichtstrahl strebt umhüllt von Nebel vom Boden aus durch das Altarkreuz hindurch bis zum Himmel. Später, während der Predigt, sollen Lichtreflexe gleichsam wie rote Feuerzungen vom Himmel her auf die Erde herunterregnen. Dann, zur eindringlichen Stille bei der Meditation, bauen sich Nebel hinter dem Hochaltar auf und hüllen so das goldene Kreuz des Domes in gleißendes Licht. Dadurch zeichnet sich immer stärker der Schatten des Kreuzes ab. Aber nicht an Angst und Leid soll das Kreuz nun erinnern, sondern in seiner intensiver werdenden

Verdichtung die Stille ausfüllen, Halt geben, positive Lebensfreude und Hoffnung schenken.

Tatsächlich ist uns dieser Moment gelungen und ich vergesse ihn nie. Auf einer Postkarte ist er ein bisschen eingefangen. Ich habe sie für meine Eremitenstube mitgenommen, um den Kirchenraum des Linzer Domes, der die ganze Woche unter mir liegt, dabeizuhaben.

Ich begebe mich durch den Dachstuhl hindurch zum Glockenturm zurück und voll dieser herzerwärmenden, freudigen Gedanken steige ich die letzten Stufen hinauf in meine Eremitenstube. Oben angekommen, drehe ich doch noch einmal eine Runde auf dem kleinen Balkonumgang vor meiner Stube. Dieses Ritual werde ich während der Woche beibehalten: noch einmal frische Luft einatmen, die Kälte spüren, einen Blick über Linz genießen und mich dann in meine Höhle des Eremiten, die mitten in der Stadt liegt, wohlbehütet einschließen.

Etwas hungrig von meinem Ausflug richte ich mir das Abendessen her. Ich hebe mir Brot, Wurst und Käse für das Frühstück auf und mache mir stattdessen eine Hühnerkraftbrühe, eine Packerlsuppe, die von irgendeinem netten Vorgängereremiten übrig gelassen wurde. Genau das Richtige für jemanden, der etwas kränkelt und schwächelt.

Kaum habe ich die Suppe ausgeschlürft, widme ich mich wieder meiner Bibel und lese weiter in den Gleichnissen. Irgendwie komme ich mit den Gleichnissen nicht so recht weiter. Mir gefällt gar nicht, dass zum Beispiel in Lukas 19,11–27 von einem Gott gesprochen wird, der den Menschen ihre Talente wegnimmt, wenn sie nichts aus ihnen machen, der oft grausam ist und bestraft. Wenn man diese Gleichnisse überhaupt allegorisierend verstehen kann! Mein erster Eindruck ist, dass bei der Auslegung der Gleichnisse der strenge Herr, der Gutsherr, der König des Textes mit Gott gleichgesetzt wird. Für mich gibt es nur einen liebenden Gott, überhaupt keinen strafenden Gott.

Jesus, der uns einen Weg gezeigt hat, wie wir leben können, wie wir miteinander, aber auch mit der Schöpfung umgehen müssen. Wenn es auch der habgierige Zöllner, die Hure, die Ehebrecherin war, immer wieder hat sich Jesus diesen Leuten zugewandt und ihnen neue Lebensmöglichkeiten eröffnet. Einen Gott, der uns immer wieder, auch wenn wir noch so dumme kleine oder große Fehler machen, sagt: Ich bin da und fang dich auf! Gerade unsere katholische Amtskirche, die bei Themen wie Wiederverheiratung, Sexualität, die Rolle der Frauen und Laien in der Kirche so restriktiv ist, predigt einen Gott, den es für mich nicht gibt. Wenn es auch der Zöllner, die Hure, die Ehebrecherin war, immer wieder hat sich Jesus mit diesen Leuten beschäftigt. Darum lässt mich meine Gleichnis-Lektüre ziemlich ratlos und enttäuscht zurück. Vielleicht sollte ich mir doch Rat holen. Anscheinend ist es doch nicht ganz so einfach, die Gleichnisse zu interpretieren.

ZWEITER WEIHNACHTSFEIERTAG

Weshalb eine Auszeit?

Heute ist der zweite Weihnachtsfeiertag, Sonntag. Ich habe ganz gut geschlafen, bin nur noch leicht verschnupft, aber ohne Gliederschmerzen. Ich stehe noch nicht auf, sondern lese im Bett gleich wieder in der Bibel an der Stelle weiter, an der ich gestern Abend aufgehört habe: die Gleichnisse im Matthäus- und Markusevangelium. Es sind spannende Geschichten, denen ich im Gottesdienst viel zu wenig Aufmerksamkeit schenke. Sie werfen Fragen auf: Weshalb bestraft Gott so oft die Menschen, die Fehler machen, wie zum Beispiel im Gleichnis von den Talenten oder im Gleichnis von den Jungfrauen, die das Lampenöl vergessen haben? Auch wenn ich Gott mit einem Verwalter gleichsetze, vermisse ich häufig Güte oder sehe, dass Jesus einen ungerechten Verwandten lobt (Lk 16,1–13).

Leider war ich während meines Theologiestudiums nicht allzu oft im Grundkurs Neues Testament, mir fehlt grundlegendes Wissen. Ich lege die Bibel verärgert zur Seite. Ich muss mir Unterstützung suchen.

Dass ich mein Theologiestudium nicht beendet habe, hatte folgenden Grund: Es war im fünften Semester, als man uns mitteilte, dass wir alle keine Anstellung bekommen würden. Die Diözese Passau müsse sparen und werde uns Pastoralreferentenanwärter nicht in den Dienst übernehmen. Und das hat uns nicht einmal der Bischof persönlich gesagt, sondern der Generalvikar. Wir waren in der Ausbildung im sogenannten Pastoralkurs zu neunt, über alle Jahrgänge verteilt. Einige sind in Tränen ausgebrochen, denn sie wollten unbedingt Pastoralreferent werden. Was macht man sonst nach einem Theologiestudium? Eine Studentin hatte gerade ihre Bewerbung abgeschickt und wartete auf die Zusage. Und dann kommt diese Eröffnung! Wir kamen uns auf den Arm genommen vor, nach dem Motto: »Wir haben euch zwar seit vielen Jahren versprochen, wir übernehmen euch, aber ihr habt umsonst studiert.« Vor allem der anschließend fehlende Beistand hat mich erschüttert. Man hätte doch versuchen können, unsere Prüfungen zum Teil für einen anderen Abschluss, zum Beispiel als Lehrer anzuerkennen oder uns in anderen Diözesen unterzubringen oder uns zumindest bei unseren eigenen Bemühungen zu unterstützen. Einzig die Alternative »Ihr könnt euch ja weihen lassen!« wurde den Männern angeboten.

Für mich war das ein Zeichen. Es hat mir deutlich gemacht, wie die katholische Amtskirche eigentlich mit ihren Mitarbeitern umgeht. Ich hatte schon einiges miterlebt, aber jetzt hatte ich es am eigenen Leib erfahren. Das, was uns Jesus zu erklären versucht hat, nämlich für die Menschen da zu sein, genau das wird nicht umgesetzt. Angesichts sinkender Mitgliederzahlen und Kirchensteuereinnahmen wurde die Unternehmensberatung McKinsey geholt und die Diözese hat sich beraten lassen. Die Folge der Untersuchung war, dass hauptsächlich in der Jugendarbeit und in der Seelsorge gespart wurde. Diese Entscheidung hat mich so entsetzt, dass ich mein Studium nicht mehr abschließen wollte. Ich bin nach wie vor kirchlich sehr engagiert, aber ich möchte die Kirche nicht als meine Arbeitgeberin haben. So kann ich frei meine Meinung äußern, ohne irgendwelche Nachteile und Repressalien befürchten zu müssen.

Aber heute, bei meiner Bibellektüre, bedaure ich es, dass ich mich nicht tiefer mit der Materie auseinandergesetzt habe und dadurch vielleicht das eine oder andere Gleichnis besser verstehen könnte. Ich bin jedoch nach wie vor der Überzeugung, dass alles im Leben einen Sinn hat, dass es gut war, wie es damals gelaufen ist. Wenn ich mich erst jetzt mit den Gleichnissen beschäftige, war damals anscheinend noch nicht der richtige Zeitpunkt. Ich war in einer anderen Lebensphase. Die Seele erschafft sich das Leben, davon bin ich überzeugt.

Die Bibel lege ich nun fürs Erste weg und überlege, wie ich »duschen« könnte. Ich bin durchaus eitel, das muss ich zugeben. Zwar muss es nicht immer perfekt sein, was ich trage, aber ohne Jackett, das einem doch eine gewisse Sicherheit gibt, geht es gar nicht und immer mit gepflegten Haaren. Wichtig ist mir, dass alles zu meinem Stil passt und gut aussieht, da kann ruhig auch mal etwas Geflicktes dabei sein.

Ich erhitze also Wasser im Wasserkocher. Katzenwäsche im Waschbecken ist angesagt. Am Schluss lasse ich frisches Wasser ein und widme mich den Haaren. Aber es ist gar nicht so einfach, das Glas Wasser aus dem Waschbecken heraus über meine Haare zu gießen. Ganz abgesehen von der Überschwemmung, die kaum zu vermeiden ist. Die Haare sind jetzt zwar schön schaumig, aber der Schaum geht schwer heraus. Das Wasser ist entweder zu warm oder zu kalt – meistens ausgesprochen zu kalt! Was gäbe ich jetzt für eine Dusche! Ich gebe zu, ich bin Genussduscher. Ich dusche meistens sehr lange, denn beim Duschen kann ich Ballast abwerfen. All die schweren Gedanken, der belastende Druck, wird durch das Duschen weggespült. Danach fühle ich mich jeden Morgen frisch und frei und kann richtig in den Tag hinein starten. Ich weiß, wir sollten alle Wasser sparen. Aber manchmal brauche ich es ganz dringend. Der Schaum ist nicht aus den Haaren herauszubekommen, schließlich wickle ich ein blaues Handtuch um den Kopf, sodass ich aussehe wie ein Schlumpf.

Meine Haare sind mein Markenzeichen. Ich trage sie schon lange so lang. Alles hat angefangen, als ich neun Jahre alt war.

Mein Vater hat mir damals gesagt, dass ich mit achtzehn genauso aussehen würde wie er jetzt. Er hatte schon damals eine Glatze, wobei er sich bis heute an einer Seite die Haare länger wachsen lässt und sie wie ein Schiebedach quer über die Glatze legt. Damals fand ich es schauderhaft. Für einen Neunjährigen ist es ein Schock, wenn man ihm sagt: Du wirst später auch mal so aussehen. So habe ich damals beschlossen, meine Haare wachsen zu lassen. Erst ein stufiger Schnitt, dann schulterlang und irgendwann ab der vierten, fünften Klasse waren sie so lang, wie ich sie jetzt auch noch trage – aber ganz wichtig, immer gepflegt. Wenn Männer lange Haare haben, dann sollten sie gepflegt aussehen. Zum einen passen die langen Haare gut zu mir als Stadtführer, zum anderen finde ich, dass mir lange Haare einfach gut stehen. Ich habe als Jugendlicher immer Angst gehabt, dass man mir im Schullandheim oder Skilager die Haare abschneiden könnte – wie halt solche Scherze sind. Einmal hat es jemand versucht. Er hat ein ziemlich blaues Auge davongetragen. Bei meinen Haaren verstehe ich keinen Spaß. Wie bei Samson: Die ganze Kraft kommt aus den Haaren. Ich ernte natürlich oft auch Kommentare, dass ich schwul sei oder ein langhaariger Bombenleger aus der Hippiezeit, der lieber nicht in die Politik gehen sollte. Auch aus dem eigenen politischen Lager kommen immer wieder kritische Töne. Ich würde mit diesen Haaren keine Wählerstimmen bei den älteren Leuten bekommen und unseriös wirken.

Nun sind die Haare geföhnt und es ist Zeit, den Rucksack zu packen. Denn ich sollte den Rucksack vor zwölf Uhr am Eingang beim Domturm abstellen und nach der Messe würde ich dort den gefüllten Rucksack vorfinden.

Für neue Inspirationen

Ich breche in den Gottesdienst auf. Beim Hinabsteigen durch den Turm entdecke ich heute weitere Details: Farbspritzer am Boden unter den Glocken, die von Rostübermalungen stammen. In einer Ecke stehen alte Leitern und Balken, die man vermutlich gebraucht hat, um die Glocken aufzuhängen. Auf eine Wand sind Notizen zum Bauvorhaben geschrieben, die noch gar nicht so alt sind.

Unten angekommen, erlebe ich einen festlichen und feierlichen Gottesdienst, einem zweiten Weihnachtsfeiertag angemessen. Dompfarrer Strasser spricht in seiner Predigt über Josef. Der Zimmermann wurde früher sehr verehrt. Beispielsweise war der 19. März, der Josefitag, ein Feiertag. Ich selbst komme aus einer Josefpfarrei in Passau-Auerbach. Unser Pfarrer heißt auch noch Josef – das passt zufällig gut. Und in meiner Familie gab es viele Josefs und Seppen, wie sie in Bayern heißen.

Pfarrer Strasser interpretiert das Verhalten von Josef aus heutiger Sicht. Er lobt Josef dafür, dass er Maria aufgenommen hat, obwohl sie fast noch ein Kind und dazu noch schwanger war. Josef hat sehr wohl gewusst, dass sie nicht von ihm schwanger war, dass es ein uneheliches Kind sein musste und dass Maria kein einfaches Leben haben würde, hätte er sie nicht zu sich genommen. Und er selbst als alter Mann würde sich den Spott der Bevölkerung zuziehen. Aber er vertraute darauf, was ihm der Engel im Traum gesagt habe. Immer wieder vertraute Josef auf Gott.

Wie wenig Josef am Anfang im Christentum beachtet wurde, ist erstaunlich. Auf Bildern wird er häufig vom Jesuskind abgewandt dargestellt, im Hintergrund. Dabei hat Josef in der ersten Stunde des Weihnachtsgeschehens einen wichtigen Teil übernommen, nämlich den väterlich-fürsorglichen.

Heute habe ich mich etwas weiter nach vorn gesetzt als beim letzten Mal, um mehr teilzunehmen am Gottesdienst und um die Menschen um mich herum besser wahrzunehmen. Sigi hält wieder seinen kleinen Plausch, als er mit dem Sammelkörbchen an mir vorbeigeht. Nach dem Gottesdienst gehe ich in die Sakristei. Der Pfarrer unterhält sich dort mit einigen Ministranten und Kommunionhelferinnen. Ich stelle mich als der derzeitige Eremit vor, verschwinde dann aber recht schnell in Richtung Turmaufgang.

Als ich die Tür zum Treppenhaus aufschließe, steigt mir herrlicher Essensduft in die Nase. Tatsächlich, irgendein fleißiger Helfer vom Kolpinghotel hat meinen Rucksack ausgetauscht. Mit dem Rucksack auf dem Rücken geht es hinauf. Oben mache ich mich ans Auspacken. In der Styroporbox ist diesmal ein Teller mit »faschiertem Braten«, also Hackbraten. Die österreichische Sprache ist einfach herrlich: Paradeiser, Faschiertes, Fridattensuppe und alles schmeckt so lieblich, wie die Namen klingen. Dazu gibt es warmes, gedünstetes Weißkraut, wieder eine Suppe, Salat und Brot, Obst, Joghurt, alles in kleinen Boxen verstaut.

Nach dem Essen gehe ich die Bibliothek in der Stube noch einmal durch. Vielleicht findet sich ein Buch, das mir helfen könnte, die Gleichnisse besser zu verstehen. Ich greife ein großes Bibellexikon heraus und schlage es auf. Wissen in Lexika finde ich immer faszinierend und sofort lese ich mich fest.

Unter dem Schlagwort »Gleichnisse« finden sich jedoch für mich nicht wirklich brauchbare Informationen, jedenfalls keine Deutungen. Ich nehme mir vor, heute Abend den Dompfarrer zu fragen oder Schwester Bernadette, ob sie nicht ein gutes Buch haben. Ich lese noch etwas in der Bibel, fange dann aber an, mir Notizen für mein Eremitentagebuch zu machen. Ich beginne die Fahrt durch das Donautal aufzuschreiben und komme sehr gut voran. Und die Zeit vergeht und schon muss ich mich wieder fertig machen, um zu meinem täglichen Gespräch mit Schwester Bernadette zu gehen.

Wieder steige ich durch den Domturm hinab, genieße wie jedes Mal die Atmosphäre im Dom, das beleuchtete Gewölbe, und gehe durch den Seitenausgang hinaus über den Vorplatz, vorbei am Domcenter zu Schwester Bernadette.

Heute sind wir in einem anderen Raum im Haus der Marienschwestern. Sie erzählt mir, dass sich hier in einem Anbau das Seminarhaus befindet. Wir nehmen in einem Raum für die Leitung des Hauses Platz. Wenn Kurse stattfinden, können hier Betreuerinnen und Betreuer übernachten. Darüber hinaus nehmen die Marienschwestern Angehörige auf, die Kranke in der gegenüberliegenden Klinik besuchen. Häufig möchten Angehörige möglichst lang am Krankenbett bleiben und dann benötigen sie eine Übernachtungsmöglichkeit. Die Schwestern sind dem karitativen Gedanken fest verbunden.

Wir zünden wie beim letzten Mal gemeinsam eine Kerze an, beten ein *Vaterunser* und beginnen unsere Gesprächsstunde.

Schwester Bernadette fragt mich wie am Vortag, wie es mir denn gehe? Ich berichte ihr, dass es mir gesundheitlich besser geht, ich aber sehr viele Zweifel habe, die beim Lesen der Gleichnisse aufgetaucht sind. Für mich zählt das jesuanische Wort: »Wo zwei oder drei in meinem Namen beisammen sind, da bin ich mitten unter ihnen«, zu den wichtigsten Maximen, ebenso wie mir das Gleichnis vom barmherzigen Vater und die Bergpredigt, diese absolut frohe Botschaft Jesu Christi, besonders viel bedeuten.

Ich erzähle Schwester Bernadette, dass es in den kleinen Dorfkirchen im niederbayrischen und oberösterreichischen Raum, wo wir mit unserem Paulus-Musical zu Gast sind, oft zu tief empfundenen spirituellen Erlebnissen kommt – sowohl bei den Besuchern als auch bei uns selbst. Es ist ein Miteinander zu spüren, ein Behütet-Sein, das man gar nicht in Worte fassen kann. Außerdem verkündet die Gruppe mit Herz und Seele die frohe Botschaft von Jesus, wie Paulus sie sieht, dass Jesus alle

Menschen zu sich eingeladen hat. Diese Botschaft wird meiner Meinung nach in der heutigen Kirche zu oft vergessen; in einer Kirche, die Menschen – beispielsweise bei Ehebruch – verurteilt, die Ansprüche stellt, die Menschen ausgrenzt – etwa beim zölibatären Priestertum der Männer. Jesus aber hat alle, ob Zöllner, Sünder/in oder Prostituierte, an seinen Tisch geholt.

Unser Musical-Team ist bunt gemischt, dementsprechend sind die Auseinandersetzungen nach den Vorstellungen mal hochtheologisch, mal ganz aus dem Alltag kommend. Aber immer wieder spüren wir, dass uns der Glaube verbindet.

Daher verunsichern mich die Gleichnisse jetzt. Hier lese ich von einem strafenden Gott, den es für mich persönlich nicht gibt, den ich nur im Zusammenhang mit menschlichem Machtstreben in der Amtskirche kennengelernt habe.

Für mein Jesus-Musical hatte ich die Idee, dass Jesus nicht selbst auftritt, sondern dass die Evangelisten Lukas und Matthäus als wichtige Gleichnisschreiber ein theologisches Gespräch führen und die frohe Botschaft wird dann über die Musik mit Liedern verkündet. Auf jeden Fall sollten die Gleichnisse im Zentrum stehen. Doch ich stelle fest, dass dies nicht so einfach ist, wenn die Gleichnisse für mich selbst nicht klar verständlich sind.

Schwester Bernadette kennt kein Buch zur Interpretation der Gleichnisse, empfiehlt mir jedoch den Dompfarrer, der immer spannende Bibelstunden veranstaltet und den theologischen Diskurs schätzt. Das hört sich gut an, ich werde ihn gleich beim Abendgottesdienst treffen.

Sie fragt mich, welches Lied ich mir für den kommenden Tag wünsche. Am Montag findet traditionell die Gebetsstunde mit dem Eremiten statt und Schwester Bernadette leitet dieses Montagsgebet. Ich überlege und schlage – nachdem es Advents- und Weihnachtszeit ist – vor: »Sieh, es wird der Herr sich nah'n«. Die Geburt Christi haben wir zwar schon gestern gefeiert, aber für mich ganz persönlich mit meiner intensiven Beschäftigung mit dem Glauben ist vielleicht erst jetzt die Ankunft des Herrn, in Erkenntnissen oder auch spirituellen Momenten.

Schwester Bernadette kennt das Lied nicht, wir diskutieren daraufhin über die Unterschiede im Gesangbuch *Gotteslob* in den jeweiligen Ausgaben für Deutschland und Österreich.

Folgen des Volksentscheids

Schwester Bernadette fragt mich noch einmal nach meinem Befinden und ich erzähle ihr, wie wunderschön die Auszeit ist. Endlich bin ich in einer kritikfreien Zone, endlich muss ich keine Angriffe von Parteimitgliedern aushalten, was meine medialen Auftritte angeht, endlich keine Kritik aus der Bevölkerung, keine Stalking-Bestellungen und keine Angriffe, wie es sie seit dem Volksentscheid immer wieder gibt. Ich fühle mich hier in einem geschützten Raum. Das tut unglaublich gut. Mir ging es tatsächlich nicht immer gut in den beiden letzten Jahren, vor allem nach dem Volksbegehren 2009. Es war eine Zeit, in der ich doch sehr viel, sehr schnell arbeiten musste. Drei, vier Wochen teilweise nur mit zwei, drei, maximal vier Stunden Schlaf pro Nacht, eine Phase, in der ich unter ständigem und starkem Druck stand: Erreichen wir die zehn Prozent?

Dazu muss man wissen, dass in Bayern bei Volksbegehren 10 Prozent der Wahlberechtigten nötig sind, die sich innerhalb von 14 Tagen auf dem örtlichen Rathaus eintragen müssen, um ein Volksbegehren zum Volksentscheid zu führen.

Diese Hürde ist so enorm, kaum zu nehmen und das hat mich Nerven gekostet. Ich fühlte mich manchmal sehr allein, ohne Unterstützung bei der mentalen Anforderung und musste fast alles selbst machen. Auch mit Bündnispartnern musste ich mich auseinandersetzen. Nur meine Pressesprecherin, Sofie Langmeier, stand mit Tatkraft hinter mir. Nicht zu vergessen ist natürlich der Einsatz von vielen Ehrenamtlichen vor Ort, die mir Mut machten. Überdies hatten wir noch Internetprobleme mit unserer Hochrechnungswebsite. Eine absolut hektische Zeit. Kein Wunder, dass ich danach in ein tiefes Loch gefallen bin. Ich gebe gern mal hundertfünfzig Prozent, liebe es, auf Hochtouren zu arbeiten, total unter Spannung zu stehen, aber die Konsequenz ist, dass sich der Körper danach nimmt, was er über Monate nicht bekommen hat.

Der Stress begann mit der Kommunalwahl 2008, wo ich zeitgleich während der Wahlkampforganisation für die ÖDP engagiert war und als Lehrer in einer Schule zusätzlich kurzfristig 26 Stunden Religion unterrichtet habe.

Danach kam die Landtagswahl, immer unter Zeitdruck mit vielen Terminen und mit verspäteten Abgabezeiten für Wahlplakate. Du bist nie fertig, du kannst nie durchschlafen. Es geht weiter am Samstag und Sonntag ohne Pause, auch im Kulturhauptstadtjahr 2009 mit vielen Führungen, in dem aber auch der Europawahlkampf zu organisieren und das Volksbegehren vorzubereiten waren. So liegen zwei Jahre hinter mir ohne jede Zeit für mich. Immer mit voller Leistung. Irgendwann in der Zeit des Volksbegehrens bin ich auf dem Weg in meine Wohnung im vierten Stock im Treppenhaus eingeschlafen. Zwei Mal ist mir das passiert. Das war ein Fast-Zusammenbruch. Der Körper signalisierte mir: Es geht nicht mehr so weiter, lieber Sebastian! Du gehst über deine Grenzen.

Und nach dem Volksentscheid fiel ich in das sprichwörtliche tiefe Loch. Rückzug aus sämtlichen sozialen Kontakten, Tage im Bett ohne Energie. Im Prinzip finde ich diese Phasen außerordentlich spannend. In diesen »Löchern« stelle ich mich sämtlichen Fragen, an die ich mich sonst nicht heranwage. Ich überprüfe mein Menschenbild, mein Werte- und Gesellschaftsbild umfassend. Es ist im Grunde genommen eine Art »System-check«, eine Überprüfung: Bin ich auf dem richtigen Weg? Habe ich mich nicht verrannt? Habe ich mich nicht verleiten lassen von Macht und Medien? Und tatsächlich gab es einige Momente, in denen ich mich fragen musste: Wie weit gehe ich? Was würde ich alles tun, um mediales Echo hervorzurufen, um ein Volksbegehren zu gewinnen?

Ein Beispiel: Mir war völlig klar, wie schwierig es ist, inner-halb von 14 Tagen 10 Prozent der Leute dazu zu bewegen, zu den üblichen Öffnungszeiten ins örtliche Rathaus zu gehen, um zu unterschreiben. Wir haben deshalb Hochrechnungen heraus-gegeben und dadurch ganz spielerisch die Konkurrenz zwischen den Gemeinden angefacht. Wer ist am Schluss der bessere Ak-tionskreis? Durch solche taktischen Manöver sind die Medien immer wieder aufmerksam geworden, wollten immer wieder die Zwischenstände herausbringen. Wir haben im Vorfeld lange überlegt: Schönen wir die Hochrechnungen am Anfang, um ein möglichst positives Ergebnis zu bekommen, und dämpfen wir eventuell am Schluss, wenn das Ergebnis schon zu gut ist? Oder müssen wir am Schluss schönen, wenn es knapp wird, um Dra-matik zu erzeugen? Und tatsächlich: Zu Beginn waren die Er-gebnisse phänomenal gut. Wir veröffentlichten immer die tat-sächlichen Ergebnisse. Sie lagen gleich am ersten Tag bei einem Prozent. Hervorragend. Aber würden wir die Zustimmung über das erste Wochenende hinaus erhalten? In der zweiten Woche bekam ich einen Brief mit einer Morddrohung. Damit bin ich an meine Lokalpresse gegangen. Zuerst sprangen das Bayrische Fernsehen, dann alle Boulevardmagazine und letztendlich alle Tageszeitungen auf den Zug auf. Wir waren täglich mit Mel-dungen präsent.

Da kommt man ins Nachdenken: Würde man etwas Spekta-kuläres tatsächlich erfinden, um ein Medienecho zu erzeugen? Ist es das eigene Ego, das gepäppelt wird? Und für die Sache gedacht: Heiligt der Zweck alle Mittel? Ich muss wachsam bleiben als Politiker, damit mich die Medien nicht verführen. Damit ich immer wieder in den Spiegel schauen und sagen kann: Ja, du machst Politik und bleibst seriös und ehrlich. Strategie und Marketing – das ist ein ganz schmaler Grat, auf dem man sich bewegt. Man braucht immer wieder Mitstreiter, die einen bremsen, die einen gegebenenfalls aus einem Wahnsinn, in den man geraten kann, hinauslotsen.

Nach dieser intensiven Phase bin ich nicht nur körperlich am Ende, sondern bin voller Selbstzweifel in ein seelisches, emotionales Loch gefallen. Ich kenne diese »Löcher« übrigens schon seit Jahren, weil ich schon immer ein Leben führe, das nicht gerade verläuft, sondern eher wie eine Sinuskurve mit absoluten Hochphasen, außerordentlich produktiv über lange Zeit, über Monate, vielleicht sogar über Jahre hinweg, auch in einem irren Tempo. Und dann plötzlich ein tiefes Loch. Als ich das erste Mal in ein derartiges Loch fiel, konnte ich überhaupt nicht damit umgehen. Ich hatte keine Energie mehr, spürte kein Feuer und keine Flamme im Bauch. Das kannte ich zuvor nicht. Es war immer ein Antrieb in mir. Das Göttliche steckt im Menschen. Diese schöpferische, göttliche Kraft kann jeder Mensch in sich spüren. Aber diese Energie ist in meinen »Löchern« auf einmal nicht mehr spürbar. Dann kommen Zweifel, Orientierungslosigkeit, fehlendes Selbstbewusstsein. Aus dem ersten »Loch« bin ich schließlich herausgekommen, indem ich eine Woche lang beim Babysitten in den Alpen war. Dieses Babysitten mit seinem geregelten Tagesablauf hat mich wieder ins Leben zurückgeführt.

Weil diese »Löcher« nicht leicht durchzustehen sind, nehme ich mir Supervision und gönne mir beratende Begleitung. Das ist ganz wichtig in dieser Phase. In Passau habe ich eine Begleiterin gefunden, die nicht in Schubladen denkt, sondern die ganz offen ist und einen sehr schnellen Zugang zu Menschen findet, mit einem weiten Horizont und mit theologischem Hintergrund. Letzteres ist für mich sehr wichtig. Ich habe durch sie gelernt, dass es mich nicht aus der Bahn wirft, wenn ich in diese Löcher gerate, wenn Fragen auftauchen wie: Warum hast du jetzt diese düsteren Gedanken? Was ist jetzt eigentlich das Schwierige und Existenzgefährdende? Ich begreife immer schneller: Es ist wieder der »Systemcheck«, eines dieser schon bekannten »Löcher«. Dann stelle ich mich allen meinen Ängsten. Einfach ist es nicht, aber inzwischen vertraut. Ich gehe gestärkt daraus hervor, ich trenne mich von einigem Ballast, habe mein Selbstbewusstsein in bestimmten Bereichen aufgebaut. Darum finde ich diese Phasen mittlerweile recht interessant und lehrreich und kann gut mit ihnen umgehen.

Trotzdem war ich nach dem Volksbegehren tief in das Loch gefallen. Die Zeit, in der ich nichts für mich tun konnte, war entschieden zu lang. Dann helfen alle meine Tricks nicht, um aus eigener Kraft herauszukommen: Kirchenbesuche oder Fahrten durchs Donautal. Ich bin damals zufällig, weil ich einen Interviewtermin in Köln hatte, durchs mittlere Oberrheintal gefahren. Ein unglaublich schönes Erlebnis. Ich liebe diese großen Flusstäler mit Kirchen und Burgen an magischen Orten. Aber auch das hat nur kurze Zeit geholfen. Schon kam Weihnachten mit den Festen und Ritualen, die mir normalerweise viel geben, aber in diesem Jahr konnte ich nichts wirklich erfassen. Ich habe sehr lange gebraucht, um aus diesem Tief herauszufinden. Es hat drei, vier Monate gedauert. Immer wieder gab es Tage, an denen ich mich nicht motivieren konnte, einfachste Alltagsaufgaben anzugehen, an denen ich Panikattacken hatte, wenn bloß das Telefon klingelte, an denen ich nicht in der Lage war, E-Mails zu beantworten, an denen ich nichts wissen wollte von dem, was mich im Sommer und Herbst so beschäftigt hatte. Ich musste damals hundert Anrufe und zwei-, dreihundert E-Mails pro Tag beantworten. Das Team war nicht eingespielt und die Abläufe hatten nicht funktioniert, es blieb zu viel an mir hängen. Ich hätte gern delegiert, aber wenn E-Mails erst nach zwei, drei Wochen beantwortet werden, dauert es zu lange, um politisch etwas zu bewegen. So habe ich aufgehört zu delegieren.

Sich dem zu stellen und zu erkennen: In Zukunft muss das anders werden, du musst wieder mehr kleine Erholungsmomente einbauen, hat lange gedauert. Ich bin eigentlich erst mitten in der Organisation des Volksentscheides, also im April, Mai 2010, wieder aus dem Tief herausgekommen – aber gestärkt. Natürlich, gestärkt. Ich wurde auf einmal von den Bündnispartnern angegriffen, für die ich beim Volksbegehren eine zu starke Position bekommen hatte, die danach meine Ideen für die Organisation des Volksentscheids stark in Zweifel gezogen haben. Das hat mich aber weiter gestärkt, weil ich gesehen habe, ich kann mich auf mich verlassen – auch auf meinen Körper. Ich habe die Zeit durchgestanden. Und wir haben die richtigen Entscheidungen getroffen, wir haben das Volksbegehren gewonnen. Aber die Frage bleibt: Wie geht man mit einem Bündnisteam um, in dem viele das Sagen haben wollen? Die Verantwortung und die Arbeit lagen letztendlich bei mir und ein paar hochaktiven Helfern. Und die Bündnispartner wollten mehr Mitspracherecht. Nicht in den Parteien gab es diese Probleme. Therese Schopper von den Grünen war für mich ein wichtiger Rückhalt und hatte immer ein Ohr für mich. Eine tolle, mütterliche Frau für die Grünen in Bayern! Sie hat vollste Unterstützung verdient und wäre eine hervorragende Ministerpräsidentin.

Schwester Bernadette und ich vertiefen uns in diese Gedanken und sie bemerkt, dass ich trotz dieser »Löcher« einen positiven Umgang mit dem Zustand des Erschöpftseins habe. So vergeht diese Stunde sehr schnell und wir gehen wieder in die *Vesper.* Eine der Schwestern, die Schwester Oberin anscheinend, singt heute vor. Ich genieße den harmonischen Lobgesang. In dieser Stunde werde ich ganz ruhig. Die Gedanken, über die ich mit Schwester Bernadette gesprochen habe, klingen nach. Ich bin nochmal unmittelbar dabei, wie das Volksbegehren war. Es spielt sich im Kopf in vielen Bildern ab. Wenn ich viel erzählt habe, denke ich eine ganze Zeit lang darüber nach: die Fahrt durchs Mittelrheintal, an Boppach vorbei, die romantischen Burgen, auch das Sternsingergehen damals mit den Ministranten. Und es sind genau diese Momente, die in Erinnerung bleiben, die mir Kraft geben. Nicht das Negative, sondern das Positive.

Nach der Vesper gehe ich in die Abendandacht, sitze diesmal weit vorn, nehme immer mehr am Geschehen teil und finde es faszinierend, dass der Dompfarrer die Predigt, die er vormittags gehalten hat, nur um ein paar Nuancen abgeändert hat. Mir gefällt sie jetzt richtig gut. Sie ist viel stimmiger als heute Vormittag. Er liest die Predigt nicht einfach ab. Man merkt, dass er in der Vorbereitung durch mehrmaliges Vortragen seines Textes auf neue Gedanken gekommen ist.

© Nachtarbeit design, Lukas Musilek, Passau

Nach dem Gottesdienst gehe ich hinüber in die Sakristei und spreche den Dompfarrer an, ob er nicht ein Buch über die Gleichnisse hat, die ich gerade lese. Es stellt sich heraus, dass er ein wirklich streitbarer Theologe ist, der mit mir gleich in einen kleinen theologischen Diskurs einsteigt. Er erzählt, dass er einen Bibelkreis leitet, den er nicht öffentlich angekündigt hat, in dem er mit den Teilnehmenden diskutiert und dass er Fan von Hans Küng ist. Er hat sich schon immer mit modernen theologischen Ansätzen beschäftigt. Ich spüre, dass es ihm wirklich ein Anliegen ist, die eigene Spiritualität zu finden. Wir reden auch kurz über die Veränderung in seiner Predigt. Er will mir morgen Bücher zu den Gleichnissen in die Sakristei legen und erzählt, dass er nach Innsbruck zu seinen Studienfreunden fährt, um sich mit ihnen wieder einmal theologisch auseinanderzusetzen.

Nach dem Gespräch setze ich mich im Dom in die letzte Bank und beobachte, wie die letzten Gottesdienstteilnehmer die Kirche verlassen. Sigi, der Mesner, will die Kirche jetzt abschließen. Ich erkläre ihm, dass ich noch gern sitzen bleiben möchte, um diese wunderbare Stimmung im Linzer Dom, in *meinem* Linzer Dom, den ich in der *Nacht der offenen Kirchen,* während der Lichtinstallation, so lieben gelernt habe, zu genießen, bis es dunkel wird.

Ich lasse den Raum auf mich wirken: die Säulen, die sich nach oben immer mehr verjüngen, aber doch das Kreuzrippengewölbe tragen, das sich weitet; die Backsteinarchitektur und ihre warmen Farben, die mir fast etwas Heimisches vermitteln. Dezente indirekte Beleuchtung der Gewölbe. Kein Mensch mehr in den Bänken. Nur Sigi, der langsam die Lichter von hinten, vom Eingang her löscht. Zuerst gehen hinter mir die Beleuchtungen an beiden Weihwasserbecken, dann die Beleuchtung der Eingangshalle und nach und nach die Lichter bis zum Hauptaltar, ganz am Schluss das Licht am Kreuz aus. Dramaturgisch hätte man es nicht besser aufbauen können. Ich sitze nun im dunklen Dom, aber er ist nicht ganz dunkel, der Schein der Opferkerzen erhellt die beiden Opferstöcke ein wenig. Ich gehe nach vorn durch den Dom, gehe bewusst ganz langsam und spüre, wie wohl ich mich fühle, wie ich einfach nur in meinem Linzer Dom jetzt da bin. Ich stifte eine Kerze beim rechten Seitenopferstock für Barbara Dorsch. Barbara Dorsch ist eine Passauer Kabarettistin, die ich 2006 anlässlich eines Studentenbeitrages für die *Europäischen Wochen* in Passau kennengelernt habe. Sie hatte im Stadttheater Passau mit Studenten der Universität eine Mozartiade aufgeführt und ich war ihr »Personal Assistent«, Sänger und Schauspieler zugleich. Uns verbindet eine innige Freundschaft. Sie macht bayrische Gstanzln, aber auch tiefgründige Jazzmusik. Eine faszinierende Frau von Mitte fünfzig, voluminös im Auftreten, mit phänomenaler Gesichtsmimik, ohne Hemmungen, ohne Grenzen. Das hängt auch damit zusammen, dass sie es nicht immer einfach hatte. Herausgekommen aus allen Krisen ist jedoch ein kreatives Genie. Sie blickt hinter jede Fassade, begegnet aber dennoch jedem offen und mit Interesse. Wir sehen uns nicht allzu oft, da ich viel unterwegs bin, aber wenn, dann stimmen wir uns sofort auf unsere momentanen Gefühlslagen ein. Wenn ich sie zu einem Auftritt fahre und sie auf dem Beifahrersitz neben mir sitzt, strecke ich manchmal wie E.T. die Finger aus. Sie kommt mir mit ihren Fingern entgegen, wir berühren uns nicht, aber wir spüren sofort, was los ist. Und dann wird weiter geblödelt und diskutiert – über alles. Mit ihr unterwegs zu sein, bedeutet immer ein Abenteuer. Ich denke gern an sie, wie sie mich auch nach meinem Burnout liebevoll aufgepäppelt hat, wie sie mich immer wieder zum Essen eingeladen und Verständnis gezeigt hat, wenn es mir einmal nicht gut ging oder wenn ich mich zurückziehe und wochenlang nicht erreichbar bin.

Mit diesen Gedanken gehe ich durch den dunklen Dom, wieder die Treppen hinauf, bleibe bei den sechs Glocken stehen und genieße den herrlichen Blick auf den Alten Dom, die grün leuchtende Ignatiuskirche beim Hauptplatz und die in einem warmen Gelb strahlende Pfarrkirche.

Draußen vor der Eremitenstube sehe ich von meiner Aussichtswarte aus noch andere Gebäude, die angestrahlt werden. Eine Farbsinfonie mitten in der Nacht. Ich erinnere mich an das Kulturhauptstadtjahr 2009. Ich glaube, ich war in diesem Jahr gut 105 Tage in Linz. Vom Gefühl her ein Jahr, in dem ich nicht wirklich gearbeitet habe. Na gut, nebenbei habe ich noch das Volksbegehren organisiert. Aber jede Fahrt durchs Donautal und jeder Tag in Linz waren im Grunde genommen ein Urlaub mit Arbeit, also »Arbeitsurlaub«.

MONTAG, 27. DEZEMBER

Was mir den Weg zeigt

Ich wache auf, es war eine gute Nacht, aber ich habe keine Lust aufzustehen. Ich bleibe liegen und vertrödle die Zeit. Doch ich muss mich fertig machen, denn bereits einige Zeit vor meinem Antritt als Eremit hier im Dom habe ich einen Anruf des Domcenters bekommen mit der Bitte, an diesem Montag eine Journalistin zusammen mit einem Fotografen vom Österreichischen Volksblatt zu treffen. Die Journalistin will zum Jahresabschluss einen Beitrag über den letzten Eremiten von 2010 und die neue Eremitin von 2011 bringen. Ich habe damals zugesagt, obwohl ich eigentlich eine Woche ohne jegliche Presse verbringen wollte. Das letzte Jahr war in dieser Hinsicht heftig, kein Tag ohne irgendeine Presseanfrage und seit dem gewonnenen Volksentscheid immer wieder die gleichen Fragen: Wann haben Sie mit der Organisation begonnen? Hätten Sie geglaubt, dass Sie es schaffen? Während des Volksbegehrens natürlich: Warum machen Sie das Ganze? Haben Sie schon einmal geraucht? Und nach dem Volksbegehren: Wie gehen Sie jetzt mit den Anfeindungen um?

Ehrlichkeit

Ich versuche immer, Pressetermine auch für noch so kleine Zeitungen zu ermöglichen. Journalistinnen und Journalisten sind wichtig. Ich bin freundlich zu ihnen und trete ihnen mit Wertschätzung gegenüber. Wenn sie reißerisch über mich schreiben, sage ich einfach:»Liebe Leute, ruft mich halt nächstes Mal zuvor an, wenn ihr eine Geschichte über mich bringen wollt. Ihr werdet immer eine ehrliche Antwort erhalten und dürft alles bringen, denn ich habe nichts zu verbergen, aber ich hätte dies oder jenes über mich gern im Vorfeld und nicht erst aus der Zeitung erfahren.« Und das funktioniert. Ich habe mittlerweile zu sehr vielen Journalisten einen engen Draht. Sie vertrauen mir und ich ihnen. Wenn sie eine Geschichte haben wollen, auch wenn sie mir vielleicht unangenehm ist, bekommen sie trotzdem eine ehrliche Auskunft. Diese Ehrlichkeit bringt mich zwar weiter, zeitigt aber auch Kritik von Parteikollegen, die manchmal nicht ganz verstehen, warum ich so viel preisgebe. Aber das gehört zu meiner Interpretation von Politik: auch viel Persönliches einzubringen. Warum denn nicht? Ich stehe für Transparenz und möchte ein Politiker sein, der ehrlich und offen ist. So kann und muss ich über alles sprechen. Auch über Privates. Auch darüber, was nicht so gut gelaufen ist. Und manchmal eine Anekdote weiterzugeben. Wir sind fasziniert von persönlichen Geschichten. Darum war ich auch der Kopf der Nichtraucherschutzkampagne, das unverbrauchte Gesicht in den Medien, der Mann aus dem Volk. Abgesehen von meiner ganz persönlichen Motivation – die Menschen interessieren sich genau für solche Geschichten und nicht für die Geschichte einer Partei, die es seit 25 Jahren gibt. Nicht für unpersönliche Politikerpersönlichkeiten und trockene Sachzusammenhänge, nein, für die persönliche Geschichte dahinter, und die erzähle ich gerne. Ich achte natürlich auf Ausgewogenheit: Wenn eine persönliche Geschichte veröffentlicht wird, dann kurz danach zusätzlich eine sachlich gehaltvolle.

Also habe ich dem *Oberösterreichischen Volksblatt* zugesagt. Ich mache diese Eremitenwoche zwar für mich, aber ich lasse gern andere daran teilhaben. Vielleicht rege ich zum Nachdenken an über den eigenen Glauben, welche Momente, welche Art Reflexion guttun. Ich möchte auch anregen, wieder einen engeren Bezug zur Spiritualität aufzubauen. Nicht unbedingt zur katholischen Amtskirche – da darf man ruhig kritisch sein. Aber den auf Jesus gegründeten christlichen Glauben neu zu entdecken, lohnt sich. Deshalb bin ich mit meiner Woche Auszeit über Facebook an die Öffentlichkeit gegangen. Wenn Diskussionen angestoßen werden, dann verändert sich etwas.

Mit diesen Gedanken im Kopf liege ich im Bett und werde mit dem Glockenschlag um neun Uhr an den Pressetermin in einer halben Stunde erinnert. Vielleicht sollte ich mich doch noch schnell »duschen«. Ich spüle auch noch das Geschirr, denn ich möchte, dass die Leute von der Presse eine ordentliche Eremitenstube vorfinden. Das Abwaschen dauert länger, als ich gedacht habe, und so ist es mittlerweile viertel nach neun. Ich beeile mich mit dem Waschen, habe aber mein Handtuch noch um den Kopf gewickelt, als es an der Tür klopft. Herein kommt Klara vom Domcenter. Sie hat die beiden Damen von der Presse heraufgeführt, die Journalistin und eine junge Fotografin. Ich bitte die beiden herein und entschuldige mich gleich, dass ich nasse Haare habe, weil man hier ohne Uhr lebt und sich nur am Glockenschlag orientieren kann.

Wir besprechen die Fragen. Die Journalistin ist nicht besonders an meiner Person interessiert, denn sie weiß nicht, dass ich die Nichtraucherschutzkampagne in Bayern organisiert habe. Es gefällt mir, dass es hier um das Projekt »Eremit im Turm« geht und um meine Spiritualität. Währenddessen schießt die Fotografin einige Fotos und wir beschließen noch einige Aufnahmen im Dom zu machen. Wir machen Fotos am Treppengeländer und oben auf dem Turm, wohin ich die beiden über den Dachstuhl führe. Unten angelangt, verabschiede ich mich von ihnen, lasse meinen blauen Rucksack im Eingangsbereich stehen und gehe durch den Seiteneingang hinaus, über den Domplatz, durch die Herrengasse bis Ecke Bischofsstraße. Gegenüber vom Café Jindrak – Konditormeister Jindrak hat angeblich als Erster die Linzer Torte hergestellt – biege ich in die Bischofsstraße ein. Um die nächste Ecke befinde ich mich in der Landstraße, der Einkaufsstraße von Linz.

Das Gewusel nach den langen Tagen in Zurückgezogenheit erscheint mir seltsam. Ich nehme alles nicht richtig wahr und bin in Gedanken noch immer in meiner Einsamkeit. In der Buchhandlung am Taubenmarkt frage ich nach einem Buch zu den biblischen Gleichnissen. Die Buchhändlerin findet nichts, empfiehlt mir aber die kirchliche Buchhandlung. Bevor ich gehe, blättere ich ein bisschen in Büchern mit Anekdoten und Geschichten über oberösterreichische Schlösser. Ich frage, ob sie noch weitere Bücher über die Geschichte von Linz haben oder über die Geschichte Oberösterreichs. Die Buchhändlerin zeigt mir einige Bücher, aber die meisten habe ich schon, was mir die Anerkennung der Buchhändlerin einträgt.

Die theologische Buchhandlung ist mir noch nie aufgefallen. Ich gehe hinein und frage den netten bärtigen Buchhändler nach Interpretationen der Gleichnisse von Jesus. »Da schauen wir doch mal! Wir haben da was von Luise Schottroff und was von Felix Schlösser«, er zeigt mir verschiedene Bücher.

Ich setze mich, lese ein wenig hinein und bleibe im Buch von Luise Schottroff hängen. Da sie zu jedem Gleichnis eine detaillierte Interpretation bringt, aber sehr verschiedene Analysen, eine eschatologische und ekklesiologische, nehme ich sicherheitshalber ein zweites, ein kürzeres Buch mit, das nur eine Auswahl der Gleichnisse behandelt. Das Buch von Luise Schottroff wirkt doch sehr wissenschaftlich. Ich bezahle und freue mich auf dem Heimweg, dass es noch Buchhandlungen mit gut sortierten theologischen Büchern gibt, und denke daran, dass ich meine Bücher viel zu oft übers Internet bestelle. Vielleicht sollte ich doch häufiger in meine Buchhandlung in Passau gehen. Noch dazu kenne ich die Buchhändlerin Regina Zellner gut und pflege jedes Mal einen kleinen Gedankenaustausch mit ihr.

Nun aber zurück zum Dom, denn es ist schon fast zwölf Uhr und in einer Viertelstunde findet mein Mittagsgebet statt.

Der Abgang zur Krypta befindet sich links vom Chor. Man kommt in einen ziemlich großen Raum, in dem staunende Kinder mit ihren Eltern vor einer Krippe stehen. Mehrere Kapellen bilden den äußeren Ring der Krypta, in der Mitte ist die Marienkapelle. Schwester Bernadette wartet bereits und begrüßt mich freundlich. Sie fragt mich, ob ich in der Mitte des Raumes sitzen möchte, so wie es der Eremit immer tut. Dazu steht ein Stuhl vor der tragenden Säule des Kreuzrippengewölbes, an der linken Seite eine kleine Orgel, vorne ein Altar, auf dem ein schwarzes Jesuskind auf einem weißen Lammfell sitzt. Schwester Bernadette hat eine Freundin mitgebracht, die mitsingen wird. Zu Beginn des Gebets schlägt sie den Gong und wir singen gemeinsam »Von guten Mächten still und treu umgeben«. Es folgen ein Psalm, eine kurze Lesung aus der Schrift, dann Stille. Zehn Minuten.

Doch meine Gedanken sind überhaupt nicht still. Sie sind beim heutigen Morgen, beim Pressegespräch, und sie kreisen unaufhörlich um die Fragen der Journalistin und meine Antworten. Ich nehme auch den Raum wahr, sehe das Jesuskind und bleibe an der Frage hängen, warum es schwarz ist.

Nach der zehnminütigen Stille ertönt noch einmal der Gong, es folgt ein Segensgebet, und dann ist das Mittagsgebet schon wieder vorbei. Ich verabschiede mich von Schwester Bernadette und ihrer Freundin, bedanke mich, dass sie gekommen sind, und wünsche ihr noch einen schönen Nachmittag bis zu unserem Gespräch.

Naturgesetze und -erfahrungen

Am Aufgang zum Domturm finde ich meinen gepackten, duftenden, blauen Essensrucksack. In meiner Eremitenstube packe ich, nach meiner Ausguckrunde, alles aus. Es gibt viel mehr Obst als bisher. Ich habe nämlich gestern einen Zettel geschrieben, dass ich mir etwas mehr Obst wünsche, sonst aber alles wunderbar passt. Ich bin ein »Obstliebhaber«. Im Sommer ernähre ich mich fast ausschließlich von Salat und Obst, natürlich Bioprodukten aus regionalem Anbau. Ich achte vor allem auf die Regionalität. Lieber habe ich dann mal keinen biologischen Apfel, dafür aber einen aus Deutschland. Solch ein Apfel ist zwar preislich nicht so günstig, aber das ist es mir wert. Essen ist wichtig. Und als Mensch im Einklang mit der Natur zu leben, ist mit biologischer Nahrung besser möglich.

Wir dürfen nicht auf grenzenloses Wachstum setzen. Die Natur kann nicht grenzenlos wachsen. Wir Menschen versuchen zwar durch Manipulation alles immer schneller, immer größer hinzubekommen, aber das hat seine Grenzen. Daher kommt jetzt die Gentechnik ins Spiel. Unbegreiflich, dass Banken nur noch Kredite an Bauern vergeben, die pro Jahr mindestens drei, wenn nicht sogar acht Prozent Wachstum vorweisen können. Das muss man sich einmal vorstellen! In der Milchwirtschaft acht Prozent Wachstum! Ein Bauer, der 1930 mit 50 Kühen angefangen hat, müsste jetzt 25.000 Kühe und in 20 Jahren 120.000 Kühe haben. Oder Turbokühe mit entsprechend gesteigerter Milchleistung. Wollen wir das? Weniger ist hier mehr. Dem entspricht die ÖDP-Philosophie: nicht grenzenlos mehr, sondern bewusst leben. Im Einklang leben. Im Einklang mit sich selbst und mit der Natur.

Nach dem Mittagessen nehme ich gespannt das Buch von Luise Schottroff zur Hand. Ich bin schnell fasziniert. Die Autorin bietet eine sozialgeschichtliche Analyse an. Sie nimmt die Lebenswirklichkeit der damaligen Zeit ernst: In welchem Kontext hat Jesus gesprochen? Wie waren die damaligen Lebens- und Arbeitsbedingungen und wie die Besitzverhältnisse? Wie sind die Gleichnisse vor diesem historischen Hintergrund zu verstehen? Welche Parallelen gibt es zum jüdischen Gedankengut, zu Erzählungen und Geschichten aus jener Zeit? Was wird sonst noch aus dieser Zeit berichtet?

Schottroff interpretiert den Gleichnistext also nicht sofort im übertragenen Sinn, deutet zum Beispiel nicht den König im Text als Gott. Sie bleibt im Umfeld der damaligen Geschichte: Vor wem spricht Jesus? Über wen spricht Jesus?

Erst danach folgen eine eschatologische und dann eine ekklesiologische Deutung. Ich bin verdutzt. Was bedeutet »eschatologisch«? Ich bin nicht mehr so vertraut mit Bibelexegese wie während des Studiums. Im Lexikon »Die Bibel von A bis Z«, das auf meinem Regal steht, wird »Eschatologie« so erklärt: Es ist die Lehre von der Hoffnung auf Vollendung der Einzelnen und der gesamten Schöpfung am Ende der Zeit. Und »Ekklesiologie« ist die Reflexion über die Bedeutung und Aufgabe der Kirche.

Ich beginne meine Lektüre mit der Deutung des Gleichnisses vom anvertrauten Geld: (Lukas 19,11–27):

Weil Jesus schon nahe bei Jerusalem war, meinten die Menschen, die von alldem hörten, das Reich Gottes werde sofort erscheinen. Daher erzählte er ihnen ein weiteres Gleichnis.

Er sagte: Ein Mann von vornehmer Herkunft wollte in ein fernes Land reisen, um die Königswürde zu erlangen und dann zurückzukehren. Er rief zehn seiner Diener zu sich, verteilte unter sie Geld im Wert von zehn Minen (eine griechische Rechnungseinheit, etwa 100 Drachmen) und sagte: Macht Geschäfte damit, bis ich wiederkomme. Da ihn aber die Einwohner seines Landes hassten, schickten sie eine Gesandtschaft hinter ihm her und ließen sagen: Wir wollen nicht, dass dieser Mann unser König wird. Dennoch wurde er als König eingesetzt. Nach seiner Rückkehr ließ er die Diener, denen er das Geld gegeben hatte, zu sich rufen. Er wollte sehen, welchen Gewinn jeder bei seinen Geschäften erzielt hatte.

Der erste kam und sagte: Herr, ich habe mit deiner Mine zehn Minen erwirtschaftet.

Da sagte der König zu ihm: Sehr gut, du bist ein tüchtiger Diener. Weil du im Kleinsten zuverlässig warst, sollst du Herr über zehn Städte werden.

Der zweite kam und sagte: Herr, ich habe mit deiner Mine fünf Minen erwirtschaftet.

Zu ihm sagte der König: Du sollst über fünf Städte herrschen.

Nun kam ein anderer und sagte: Herr, hier hast du dein Geld zurück. Ich habe es in ein Tuch eingebunden und aufbewahrt; denn ich hatte Angst vor dir, weil du ein strenger Mann bist: Du hebst ab, was du nicht eingezahlt hast, und erntest, was du nicht gesät hast.

Der König antwortete: Aufgrund deiner eigenen Worte spreche ich dir das Urteil. Du bist ein schlechter Diener. Du hast gewusst, dass ich ein strenger Mann bin? Dass ich abhebe, was ich nicht eingezahlt habe, und ernte, was ich nicht gesät habe? Warum hast du dann mein Geld nicht auf die Bank gebracht? Dann hätte ich es bei der Rückkehr mit Zinsen abheben können.

Und zu den anderen, die dabeistanden, sagte er: Nehmt ihm das Geld weg und gebt es dem, der die zehn Minen hat.

Sie sagten zu ihm: Herr, er hat doch schon zehn.

(Da erwiderte er:) Ich sage euch: Wer hat, dem wird gegeben werden; wer aber nicht hat, dem wird auch noch weggenommen, was er hat.

Doch meine Feinde, die nicht wollten, dass ich ihr König werde, bringt sie her und macht sie vor meinen Augen nieder!

Üblicherweise wird dieses Gleichnis so gedeutet, dass wir aus unseren »Talenten« etwas machen sollen, andernfalls nimmt Gott uns auch das noch weg, was wir haben. Warum aber wird Gott nun in diesem Gleichnis allegorisierend, im übertragenen Sinn mit dem strafenden König identifiziert? Diese Deutung kollidiert mit meinem Gottesbild eines liebenden, gnadenvollen Gottes. Und mit Luise Schottroffs sozialgeschichtlicher Analyse. Das römische Imperium ist gnadenlos auf Geld und Gewalt aufgebaut. Wer in diesem Imperium aufbegehrt, wird umgebracht. Von dieser realen Situation erzählt Jesus im Gleichnis.

Der vornehme Mann gibt drei Sklaven eine unterschiedliche Anzahl von Talenten. Zwei Sklaven vervielfachen die ihnen überreichte Summe. Der dritte Sklave weigert sich. Luise Schottroff interpretiert den dritten Sklaven, der das Geld bloß aufbewahrt hat, so, dass er es ist, der sich dem König entgegenstellt, er es ist, der so handelt, wie es Jesus von uns in der Bergpredigt fordert. Dieser Sklave weigert sich, als Handlanger einer ungerechten Geldwirtschaft zu funktionieren. Denn so war es damals: Viele kleine Bauern waren durch immer größere Verschuldung in Abhängigkeit vom Großgrundbesitzer, in die Sklaverei geraten. Dieser dritte Sklave weigert sich, bei der Ausbeutung und Enteignung der Menschen mitzumachen. Dort, wo nicht gesät und doch geerntet wird, dort geht es um Gewinnmaximierung. So ist vielleicht zu verstehen, wenn es heißt: »Wer hat, dem wird gegeben werden, wer aber nicht hat, dem wird auch noch weggenommen, was er hat.« Es geht also im Gleichnis nicht um einen Menschen, der seine eigenen Talente brachliegen lässt oder der Gottes Wort ablehnt. Genau das Gegenteil ist der Fall, wenn man dieses Gleichnis mit Bezug zur damaligen sozialen Situation liest.

Diese Lesart wird verstärkt, wenn man den Zusatz aus dem Matthäusevangelium liest. Auch Matthäus überliefert nämlich das Gleichnis (Mt 25,14–46). In seinen nachfolgenden Versen 31–46 über das endzeitliche Gericht kommt die Grundhaltung des Matthäusevangeliums zur Sprache: Ausnahmslos alle Völker, Juden wie »Heiden«, sind eingeladen, durch ihre Taten der Gerechtigkeit ins Himmelreich zu gelangen. Es entscheidet nicht die Herkunft. Gott wird dann ein gerechter Richter sein.

Ich mache mir einige Notizen und schweife in den Gedanken ab, was die Botschaft für die heutige Zeit wäre. Leben nicht auch wir unter imperialistischer Unterdrückung? Nicht durch Rom, sondern durch die großen Banken und Aktienunternehmen, die nur auf Erweiterung ihrer Geldmacht aus sind, durch Aktionäre, die möglichst hohe Dividenden erzielen wollen. Gibt es nicht auch bei uns »Könige«, denen »Sklaven« nachstreben und letztendlich wieder nur genauso wie ihre Peiniger handeln? Haben nicht auch wir immer wieder große Mahner? Ich denke an Horst Köhler, der aus der Finanzwelt gekommen ist, aber in seinen Reden immer wieder ein Umdenken gefordert hat. Für eine globale ökologische Welt. Der meiner Meinung nach zurückgetreten ist, weil er die Machtspielchen einer Regierung, die an diesem System festhält, nicht mehr mittragen konnte.

Aber wie können wir aus diesem System ausbrechen? Ich glaube fest, dass wir uns von diesem System lösen können. Denn die Bevölkerung will damals wie heute etwas ganz anderes.

Für mich als Politiker kann das nur bedeuten: Macht nicht mit bei der Ausbeutung der sogenannten dritten Welt, bei der Ausbeutung des Planeten, bei der Ausbeutung der zukünftigen Generationen, indem ihr ihnen Schulden hinterlasst. Sagt Nein zu diesem immer weiter fordernden Wachstumskapitalismus. Macht euch auf zu einer radikalen Umkehr, auf einen Weg des sozialen Miteinanders, des fairen Umgangs, bei dem die Armen, Kranken und Schwachen berücksichtigt werden, auf einen Weg der Menschlichkeit, bei dem im Vordergrund steht, den Menschen umfassend zu begreifen.

Die Turmuhr hat schon viertel nach vier geschlagen. Höchste Zeit, um mich fertig zu machen für meine Gesprächsstunde. Diesmal komme ich zehn Minuten zu spät.

Wir beginnen unsere Gesprächsstunde wieder mit dem Entzünden einer kleinen Kerze und einem gemeinsamen *Vaterunser.* Ich erzähle Schwester Bernadette sofort von dem Gleichnisbuch und wie gut es mir tut, endlich eine Interpretation gefunden zu haben, die Gott Vater nicht als strafenden Gott zeichnet, sondern ein Bild von der Situation der damaligen Zeit gibt. Und Jesu radikale Botschaft war die Hoffnung. In allem, was er tat und sagte, steckte Hoffnung für die Menschen auf ein anderes Leben und eine andere, gerechte Welt. Und das, was er vorgelebt hat, ist in den Seligpreisungen der Bergpredigt enthalten und im *Vaterunser,* das wir gerade gebetet haben.

Schwester Bernadette strahlt übers ganze Gesicht. Wir sprechen über das Osterfest. Ostern ist für mich eines der wichtigsten Feste im Jahreskreis. Von Gründonnerstag bis Ostersonntag bin ich fast ausschließlich in der Kirche: angefangen mit der Fußwaschung, dann bei unserem Pessachmahl, danach bei einer Gebetsstunde, der Wache am Ölberg, beim Karfreitagskreuzweg, bei der Karfreitagsliturgie. Immer wieder sind Umbauten in der Kirche, Vorbereitungen für die »Kinderauferstehung« nötig. Dann die Wache am Osterfeuer. Dazwischen Proben für die verschiedenen Gottesdienste mit den Ministranten. Endlich die Osternacht und der Ostermorgen. Das Besondere für mich ist die zentrale Botschaft der Osternacht: die Auferstehung, die Freude darüber, dieses Osterhalleluja, das über die Menschheit gekommen ist. Ich erzähle Schwester Bernadette, dass Ostern für mich ein absolut positives Fest ist, dass die Leidensgeschichte für mich eher im Hintergrund steht. Die frohe Botschaft ist, dass Jesus Christus auferstanden ist und dass er – wie in der Emmaus-Geschichte den Aposteln – immer wieder uns Menschen begegnet.

Schwester Bernadette erzählt mir von den Osterbräuchen in ihrem Kloster. Wie schön es ist, dass zur Osterliturgie immer ein besonderer Pfarrer kommt, wie die Osternacht gefeiert wird und wie sie alle durch den Innenhof des Klosters ziehen. Die ganze Gemeinschaft wird danach zum Frühstück eingeladen. Einerseits würde ich diesen Osterbrauch gerne einmal miterleben, andererseits wird Ostern für mich immer das Ostern in der Pfarrei Auerbach mit den Ministranten und unserem Pfarrer und Geistlichen Rat sein. Dort kann ich mich einbringen. Vor allem aber ist es die heimatliche Stimmung, die ich so sehr genieße, ich bin schon seit zwanzig Jahren bei Ostergottesdiensten als Ministrant dabei.

Auf meinem Rückweg fällt mir in Höhe der Apotheke, neben der Kirche der Barmherzigen Brüder, wieder der Handschuh auf, der bereits gestern an dieser Stelle lag. Ich erinnere mich, dass ich selbst in diesem Jahr einen Handschuh verloren habe. Es war im Herbst. Ich hatte morgens im Maximilianeum in München ein Gespräch mit der *Süddeutschen Zeitung*. Es war ein Interview zwischen Beckstein und Frankenberger – der alte Politikrebell der CSU und der junge von der ÖDP. Beckstein lobte mich damals gleich zu Beginn, dass »ich jedenfalls einer bin, der ohne große Organisationsstruktur Erstaunliches bewegt hat«. Und sein Kommentar zu der Frage, ob ich ein guter Innenminister wäre, lautete: »Jemand wie Frankenberger ist durchaus in der Lage, unterschiedliche Aufgaben zu bewältigen. Wem Gott ein Amt gibt, dem gibt er auch Verstand.« Es war ein sehr freundliches Gespräch und interessant, Beckstein einmal von einer anderen Seite kennenzulernen.

Nachdem der Tag noch jung war, bin ich damals nach Bad Reichenhall weitergefahren. Der Herbst ist für mich die Zeit der Entspannung. Nach einem ereignisreichen Sommer genieße ich diese Zeit, um innezuhalten. Es ist »staader«, die Menschen sind nicht mehr im Freien, keiner bietet seine Waren lauthals an.

Wenn es dann in dieser »staaden« Zeit schöne Tage gibt wie an diesem Mittwoch im Oktober, gehe ich gern in die Berge.

Das hatte ich jetzt vor auf einer ganz besonderen Route. Mit der Seilbahn geht es am Anfang von Schönau am Königssee hinauf zum Jenner. Ich steige nicht selbst hinauf, weil ich dann für die Wanderung zu spät ankomme. Dieses Mal ist es sogar schon vierzehn Uhr. Der Weg ist knapp sechzehn Kilometer lang, und weil ich auch bei schnellem Gehen sechs bis sieben Stunden brauchen werde, nehme ich meine Taschenlampe mit, um im Dunkeln zurückzufinden. Ich packe auch Mütze und Handschuhe ein und ziehe meine Lederhose an. Denn wenn ich in den Bergen unterwegs bin, habe ich sie immer an. Es ist ein der Tradition geschuldetes Gefühl, dass ich nicht in Hightech-Klamotten unterwegs sein will, die den Schweiß nach außen transportieren und den Wind stoppen, sondern in einem Gewand, wie es die Leute schon vor vielen Jahren trugen.

Es ist ein traumhaft schöner Altweibersommertag. Vereinzelt ziehen Wolken vorüber und es ist nicht allzu heiß, also ein richtig guter Tag zum Wandern. Vom Jenner, wo auf der Bergstation ein ganz schöner Trubel herrscht, geht es mit flottem Schritt hinab zum Stahlhaus. Dort begegne ich einer Familie, die mich durch das Volksbegehren wiedererkennt und mich darauf anspricht. »Nicht einmal in den Bergen hat man seine Ruhe«, denke ich einen Moment, aber sie sind sehr freundlich und irgendwie schmeichelt es mir schon, erkannt zu werden.

Der Weg zum Stahlhaus durch Latschenkieferngebüsch erinnert mich an meine Kindheit, als ich mit meinen Eltern immer wieder einmal beim Wandern war, und der Geruch erinnert mich daran, wie mein Vater abends in sein Bad einen Latschenkiefernzusatz geschüttet hat. Ich nehme mir immer wieder ein paar Nadeln, zerreibe sie zwischen den Fingern und streiche mir das Harz unter die Nase. Vom Stahlhaus geht es dann hinauf auf den Schneibstein, auf einem ziemlich schmalen Grat. Ein sehr anstrengender und langer Aufstieg. Der Blick von hier oben ist ein Traum, in die Täler hinein und auf Berge, die gleichzeitig so massiv und friedlich sind. Aber die Zeit drängt, ich will lieber erst oben verschnaufen. Ziemlich erschöpft komme ich auf dem Schneibsteingipfel mit seinen 2.375 Metern an. Ich sehe den Dachsteingipfel, daneben die schneebedeckte Pyramide des Hochkönigs, auf der anderen Seite tief ins Reichenhaller Land und nordwestlich davon ins Chiemgauer Land. Gegenüber erhebt sich der mächtige Watzmann.

Hier oben herrscht absolute Stille. Wie klein man sich als Mensch doch fühlt! Es ist für mich ein Ort, an dem ich immer wieder spüren kann, warum ich mich so für die Umwelt engagiere. Warum ich so viel Einsatz dafür leiste. Es ist das Mächtige der Natur, die Unberührtheit, die wunderbare Schönheit. Behütet sein, geborgen sein, im Einklang sein. Keine Zwietracht, kein Neid, keine Kritik. Hier herrscht einfach nur majestätische Ruhe. Sie scheint mir sagen zu wollen: Du Mensch, wenn du mit mir gut umgehst, dann bin auch ich gut zu dir. Ich gebe dir herrlichstes Quellwasser zu trinken, gebe dir zu essen und schenke dir unzählige schöne Momente. Es ist einmalig, wie man sich als kleines Rad im großen Getriebe der Menschheit fühlt.

Ich kehre aus meinen Gedanken wieder auf meinen Gipfelstandort in *meinen* Alpen zurück. Der Wind weht jetzt immer stärker. Es ist schon spät und ich breche auf, hinab übers Steinerne Meer, in eine Felslandschaft ohne Vegetation, die mich wie eine Wüste ganz zu mir bringt. Nur vereinzelt höre ich weit entfernt die Geräusche eines vorbeirauschenden Flugzeugs. Im Sommer, wenn viele Wanderer unterwegs sind, gibt es Krähen und Bergdohlen, die einem schon mal die Brotzeit aus der Hand stehlen. Aber jetzt, um diese Zeit, bin ich hier oben einfach nur allein.

Die Wüstenlandschaft verlassend, führt mich der Weg hinab

durch die Latschenkiefern zum Seeleinsee. Ein malerisch gelegener, kleiner Bergsee. Ich fülle meine Flaschen mit frischem Wasser. Es schmeckt nichts besser als frisches Wasser aus den Bergen. Doch hineinspringen in den See möchte ich heute nicht, es ist zu kalt. Ich umrunde den Seeleinsee, zunächst geht es leicht hinauf, dann kommt ein steiler Abstieg, vorbei an Höhlen auf der linken Seite und durch eine kleine Schlucht. Auf diesem Weg begegnet mir von oben herabkommend ein schon etwas älterer Herr. Wir kommen ins Gespräch und ich bin froh, einen Begleiter zu haben. Ich habe nämlich keine richtige Lust mehr zu gehen und es ist mittlerweile kühl und schon ein bisschen dunkel geworden. Der nette Wanderer ist 73 Jahre alt und hat allein im Freien biwakiert. Er hätte einfach einmal Zeit für sich gebraucht. Wie ich gerade in meiner Eremitenauszeit. Mein Wanderfreund und ich sind uns einig: Man muss nicht immer weit hinaus in die Welt, manchmal ist es vor Ort am schönsten. Vor Ort heißt erst einmal, sich selbst kennenzulernen. Deshalb kehre ich vermutlich die nächsten Jahre immer wieder hierher zurück. Es gibt stets Neues zu entdecken.

Mein Wanderfreund verlässt mich, denn er muss zur Mittelstation, wo er sein Auto geparkt hat. Ich will ins Tal. Plötzlich kommt ein Unimog mit einer lustigen Gesellschaft auf mich zu. Sie fragen mich, ob ich nicht aufspringen mag, und ich werde bis ins Tal mitgenommen. Bei dieser Gelegenheit muss ich wohl meinen Handschuh verloren haben.

Das bringt mich zurück in meine Gegenwart und Eremitenzeit. Versunken in Erinnerung an die wunderschöne Bergwelt, besteige ich den Eremitenturm. Ich nehme die Treppe schon überhaupt nicht mehr wahr, so vertraut ist sie mir geworden. Bei einem Blick in meine Taschen, ob ich auch alles dabeihabe, den Schlüssel, meine Taschenlampe und mein Notfallhandy, sehe ich auf dem Notfallhandy einen Anruf des Domcenters. Wer kann das wohl sein? Mir geht sofort einiges durch den Kopf.

Warum hat jemand angerufen? Ist es die Pressesprecherin vom Volksbegehren, der ich die Nummer des Domcenters für den Fall gegeben habe, dass etwas dringend ist? Sie ist die Einzige, die weiß, wie man mit mir Kontakt aufnehmen kann. Soll ich sie anrufen? Was soll ich tun?

Ich rufe zuerst das Domcenter an. Niemand hebt ab. Danach rufe ich die Pressesprecherin Sofie Langmeier an. Sie wundert sich. Ich erzähle ihr von dem Anruf, aber sie ist es nicht gewesen. Sie erzählt mir ihrerseits, dass meine Auszeit als Eremit in manchen Zeitungen nicht besonders wohlwollend kommentiert ist. Das verunsichert mich.

Wir verabschieden uns, doch meine Gedanken bleiben an dem Gespräch hängen. Es geht schon wieder los damit, dass man es nicht gut mit mir meint. Ich frage mich, ob ich es doch nicht in Facebook hätte bekannt geben dürfen, dass ich eine Auszeit nehme. Aber warum müssen die Menschen immer alles kritisieren? Genau das ist jedoch die Herausforderung: Wir, die wir an der Spitze stehen und versuchen, etwas zum Besseren zu verändern, wir stehen in der Kritik und dürfen uns trotzdem nicht von unserem Weg abbringen lassen. Wir müssen zwar überlegen und begründen, warum wir etwas tun, aber es wird immer etwas geben, das wir falsch machen. Immer. Ich meine, man sollte sich stets überprüfen, reflektieren, aber nicht komplett aus dem Konzept bringen lassen. Eine gute Schutzschicht, einen guten Filter gegen Kritik muss man sich zulegen.

Ich lenke mich jetzt im Eremitenstübchen mit Abwaschen ab und lese im Buch von Luise Schottroff über die Gleichnisse.

Wodurch Gewalt entsteht

Das Gleichnis von den Winzern und der Gewalt (Mk 12,1–12)

Jesus begann zu ihnen (wieder) in Form von Gleichnissen zu reden. (Er sagte:) Ein Mann legte einen Weinberg an, zog ringsherum einen Zaun, hob eine Kelter aus und baute einen Turm. Dann verpachtete er den Weinberg an Winzer und reiste in ein anderes Land. Als nun die Zeit dafür gekommen war, schickte er einen Knecht zu den Winzern, um bei ihnen seinen Anteil an den Früchten des Weinbergs holen zu lassen. Sie aber packten und prügelten ihn und jagten ihn mit leeren Händen fort.

Darauf schickte er einen anderen Knecht zu ihnen; auch ihn misshandelten und beschimpften sie. Als er einen dritten schickte, brachten sie ihn um. Ähnlich ging es vielen anderen; die einen wurden geprügelt, die andern umgebracht.

Schließlich blieb ihm nur noch einer: sein geliebter Sohn. Ihn sandte er als Letzten zu ihnen, denn er dachte: Vor meinem Sohn werden sie Achtung haben. Die Winzer aber sagten zueinander: Das ist der Erbe. Auf, wir wollen ihn töten, dann gehört sein Erbgut uns. Und sie packten ihn und brachten ihn um und warfen ihn aus dem Weinberg hinaus.

Was wird nun der Besitzer des Weinbergs tun? Er wird kommen und die Winzer töten und den Weinberg anderen geben.

Habt ihr nicht das Schriftwort gelesen: Der Stein, den die Bauleute verworfen haben, er ist zum Eckstein geworden; das hat der Herr vollbracht, vor unseren Augen geschah dieses Wunder?

Daraufhin hätten sie Jesus gern verhaften lassen; aber sie fürchteten die Menge. Denn sie hatten gemerkt, dass er mit diesem Gleichnis sie meinte. Da ließen sie ihn stehen und gingen weg.

In diesem Gleichnis geht es um einen gewalttätigen Konflikt. Beteiligt sind der Weinbergbesitzer, vielleicht ein Großgrundbesitzer, und die Pächter. Die sozialgeschichtliche Forschung, so Luise Schottroff, hat gezeigt, dass diese Geschichte der Wirklichkeit entspricht. Man muss verstehen, dass die Großgrundbesitzer eine sehr hohe Rendite von einem Weinberg, von der Verpachtung von Ackerland erwartet haben. Die Pächter waren vermutlich Bauern, die ihre Familien durch die Landwirtschaft ernährt hatten, jetzt aber durch Verarmung und Verschuldung in die Abhängigkeit von Großgrundbesitzern im damaligen römisch-imperialistischen System geraten waren. Wir wissen zwar nicht, wie der Vertrag genau ausgesehen hat, aber wahrscheinlich war es so, dass die Bauern die Pacht jeweils mit einem Teil der Ernte zurückzahlen konnten. Wenn es einmal ein schlechtes Jahr gab, eine Missernte, war es für die Bauern fast unmöglich, die Pacht zurückzuzahlen. In anderen römischen Quellen, schreibt Luise Schottroff, wird berichtet, dass gerade, wer Besitz in Übersee hatte, auf sein Land zugunsten von Sklaven verzichtete. Sie wurden teilweise schon zu Lebzeiten des Besitzers als Erben eingesetzt. So konnte es sein, dass die Pächter aus dem Gleichnis versucht hatten, an das Land zu kommen. Darum schickt der Weinbergbesitzer am Schluss seinen Sohn. Er ist, anders als die Sklaven, der rechtskräftige Vertreter des Besitzers. Aber die Frage, die sich stellt, ist folgende: Wie groß musste die wirtschaftliche Not der Bauern gewesen sein, dass sie zu derartiger Gewalt bereit waren?

Es wäre jedoch falsch, den Weinbergbesitzer als Gott zu deuten, der zuerst Propheten sendet und zuletzt seinen Sohn, und alle werden vom Volke Israel, von den Juden, nicht verstanden, ja umgebracht. Es geht hier wieder um eine eschatologische Deutung, um Fragen nach dem guten Ende der Menschheitsgeschichte. Gott ist als Widerpart des Weinbergbesitzers zu verstehen. Der Stein im Gleichnis, den die Bauleute verworfen haben und der dann zum Eckstein geworden ist, ist eine Metapher für die Leiden des Volkes, das im Weinberg des Herrn schrecklich unterdrückt wird und der politischen Situation im römischen Imperium ausgesetzt ist. Die Führer des Volkes haben sich Gottes Gerechtigkeit immer weiter widersetzt und deshalb wird Gott den Weinberg anderen geben. Das heißt, dass das Volk sich wandeln kann. In Erniedrigung durch Verschuldung und Gewalt ist schon Hoffnung spürbar. Es wird jedoch das Gottesgericht sein, das am Ende der Zeiten darüber entscheidet. Das Volk kann sich darauf verlassen und braucht nicht mit Hass und Gewalt auf Roms Ausbeutung zu reagieren.

Das Gleichnis ist ein Appell an politische Führer, die mit Hass und Gewalt auf Ohnmacht reagieren, sagt Luise Schottroff. Das heißt für mich als Politiker, dass wir dringend mit der Ausbeutung der Dritten Welt, des Planeten, aber auch der einzelnen Menschen aufhören müssen. Der Weinberg Gottes ist für mich auch mit dem Menschen gleichzusetzen, der zu immer höheren Leistungen getrieben wird und zu einer Arbeitsmaschine verkommt. Der Auftrag geht an beide Seiten: an die politischen Führer – sie sollten das kapitalistisch materialistische Ausbeutungssystem beenden, und an uns – nicht mit Gewalt und Gegengewalt zu reagieren, sondern den Weg einer friedlichen Revolution zu gehen durch ein radikal verändertes Leben, das radikale Leben der Seligpreisungen, der Achtung vor der Schöpfung, der Nächstenliebe. Wir müssen es vorleben, über Multiplikatoren transportieren, um darauf aufmerksam zu machen, dass es anders geht. Dabei spielt meiner Meinung nach das politische Mittel, die direkte Demokratie, eine enorme Rolle. Dieser friedliche Prozess, die Verantwortung den Bürgerinnen und Bürgern zurückzugeben, wird in Form von sachlichen Diskussionsprozessen zur Teilhabe an der Macht führen.

DIENSTAG, 28. DEZEMBER

Dazu braucht es Mut

Ich wache auf, weil mein Notfallhandy klingelt. Es ist kurz nach 8 Uhr und Klara vom Domcenter ist am Apparat. Die *Oberösterreichischen Nachrichten,* ein Radiosender des ORF, würden gern ein Interview mit dem letzten Eremiten 2010 führen. Ob ich damit einverstanden wäre? Irgendwie schon suspekt. Ich wollte eigentlich eine Woche ohne Presse verbringen und diesmal meldet sich die Presse zwar nicht wegen der Nichtraucherschutzgeschichte und meiner Person, sondern weil ich schon wieder an etwas beteiligt bin, das von öffentlichem Interesse ist. Kein Problem, die halbe Stunde kann ich mir auch noch Zeit nehmen. Wir vereinbaren den morgigen Mittwoch um 9 Uhr früh, Treffpunkt Domcenter.

Heute beginne ich mich mit dem Jesus-Musical, das von den Gleichnissen handeln soll, zu befassen.

Die Evangelisten Lukas und Matthäus sollen durch das Musical führen und in einem theologischen Gespräch die Gleichnisse deuten, während das szenische Spiel sie erzählt. Wichtig ist ein fulminanter Einstieg, der sich zu einem Höhepunkt steigert, und am Schluss muss die Spannungskurve nach unten gehen bis zur Ruhe am Ende.

Der Einstieg wird wahrscheinlich mit einem einfachen Gleichnis gestaltet sein, das viele kennen, vielleicht das vom barmherzigen Samariter. Der Höhepunkt könnte der radikale Aufruf Jesu sein, ihm nachzufolgen, der Aufruf zu Gewaltverzicht, das Hoffnungsversprechen. Die Hoffnung wird im Zentrum des ganzen Musicals stehen, Hoffnung auf ein anderes Leben, illustriert durch verschiedene Beispiele: Sklaverei oder Unterdrückung durch Geldwirtschaft? Ausklingen soll das Musical mit der Botschaft der Liebe und Gnade, die auch Paulus als das Entscheidende hervorhebt – die frohe Botschaft.

Schon ist es wieder Zeit fürs Mittagsgebet. Das Treppenhaus kommt mir heute wieder richtig anheimelnd vor. In der Krypta warten zwei Männer. In der Stille fällt mir die Grabplatte von Bischof Rudigier auf, dem Domstifter. Außerdem lenken mich die Geräusche von der Straße draußen ab. Also, richtig zu mir bringt mich die Stille heute nicht. Vielleicht liegt es daran, dass ich oben in meiner Turmstube schon Stille habe.

Gleichnisse ernst nehmen

Nach dem Mittagsgebet nehme ich meinen Essensrucksack mit und steige wieder hinauf zu meiner Stube. Ich beschäftige mich weiter mit den Gleichnissen zum politischen System und lese dazu das Gleichnis von den Arbeitern im Weinberg (Mt 20,1–16).

Denn mit dem Himmelreich ist es wie mit einem Gutsbesitzer, der früh am Morgen sein Haus verließ, um Arbeiter für seinen Weinberg anzuwerben. Er einigte sich mit den Arbeitern auf einen Denar für den Tag und schickte sie in seinen Weinberg.
Um die dritte Stunde ging er wieder auf den Markt und sah andere dastehen, die keine Arbeit hatten. Er sagte zu ihnen: Geht auch ihr in meinen Weinberg! Ich werde euch geben, was recht ist. Und sie gingen. Um die sechste und um die neunte Stunde ging der Gutsherr wieder auf den Markt und machte es ebenso. Als er um die elfte Stunde noch einmal hinging, traf er wieder einige, die dort herumstanden. Er sagte zu ihnen: Was steht ihr

hier den ganzen Tag untätig herum? Sie antworteten: Niemand hat uns angeworben. Da sagte er zu ihnen: Geht auch ihr in meinen Weinberg!

Als es nun Abend geworden war, sagte der Besitzer des Weinbergs zu seinem Verwalter: Ruf die Arbeiter und zahl ihnen den Lohn aus, angefangen bei den letzten, bis hin zu den ersten. Da kamen die Männer, die er um die elfte Stunde angeworben hatte, und jeder erhielt einen Denar. Als dann die ersten an der Reihe waren, glaubten sie, mehr zu bekommen. Aber auch sie erhielten nur einen Denar.

Da begannen sie, über den Gutsherrn zu murren, und sagten: Diese letzten haben nur eine Stunde gearbeitet und du hast sie uns gleichgestellt; wir aber haben den ganzen Tag über die Last der Arbeit und die Hitze ertragen. Da erwiderte er einem von ihnen: Mein Freund, dir geschieht kein Unrecht. Hast du nicht einen Denar mit mir vereinbart? Nimm dein Geld und geh! Ich will dem letzten ebenso viel geben wie dir. Darf ich mit dem, was mir gehört, nicht tun, was ich will? Oder bist du neidisch, weil ich (zu anderen) gütig bin? So werden die Letzten die Ersten sein und die Ersten die Letzten.

Es geht wieder einmal um einen Weinbergbesitzer. In diesem Fall wird er aus zwei Perspektiven dargestellt. Zum einen hat er das uneingeschränkte Recht, über sein Eigentum zu verfügen, denn es ist schließlich sein Weinberg. Das römische Recht erlaubt ihm, mit seinem Besitz frei zu machen, was er will. Zum anderen wird er dargestellt als gütiger, gnädiger Weinbergbesitzer, weil er den Arbeitern, auch denen, die nur eine Stunde gearbeitet haben, einen Denar zukommen lässt. Wir erinnern uns, es geht hier um die Gruppe der Tagelöhner, die vermutlich durch das Abhängigkeitssystem Land verloren haben und sich nun in einer sehr schwierigen Situation befinden. Für sie geht es um sehr viel, denn was bedeutete hochgerechnet ein Denar? Der Bibelwissenschaftler Ben David hat bereits 1974 berechnet, dass der 200 Denare betragende jährliche Verdienst eines Tagelöhners die Grenze zur Armut markierte. Zu viel zum Sterben, zu wenig zum Leben. Er konnte damit keine sechsköpfige Familie ernähren. Er war jeden Tag darauf angewiesen, dass ihn ein Arbeitgeber auf dem Marktplatz anheuerte, und sei es nur für eine Stunde.

Es wäre ziemlich unangebracht, Gott mit diesem Weinbergbesitzer zu vergleichen. Zum einen ist er nämlich ein sehr ausbeuterischer Herr. Er stellt am Morgen des Tages nicht so viele Arbeiter ein, wie er eigentlich im Weinberg bräuchte. Er könnte genauso gut Sklaven einsetzen. Sklaven hatten in jener Zeit eine bessere rechtliche Stellung als Tagelöhner. Man achtete darauf, dass die Sklaven einigermaßen gesund blieben, um weiterhin von ihnen zu profitieren. Tagelöhner hingegen befanden sich in einem rechtsfreien Raum, wo es den Herrn nicht kümmerte, ob sie sich von ihrem Verdienst ernähren können oder nicht. Wir haben es hier also mit einem Weinbergbesitzer zu tun, der versucht, optimalen Profit aus dem Weinberg herauszuholen, indem er am Morgen nur so viele Arbeiter einstellt, wie er glaubt, dass sie die Arbeit gerade bewältigen. Sobald er merkt, dass er mehr Arbeiter braucht, stellt er genau so viele ein, wie für die Arbeit gerade nötig sind, um ja nicht zu viele Arbeiter bezahlen zu müssen.

Zum anderen lohnt es sich hinzusehen, wie er dann mit diesen Menschen tatsächlich umgeht. Er bezahlt sie nach dem vereinbarten Vertrag – nicht übermäßig. Er gibt ihnen genau so viel, dass sie gerade überleben können. Dann macht er noch etwas ganz Wichtiges. Er ruft am Schluss alle Tagelöhner zusammen, um ihnen auch noch ihre Situation vorzuführen: ihre aussichtslose Lage, ihr Angewiesensein auf seine Gnade. Sie sehen das Ungleichgewicht. Und dann sagt dieser Weinbergbesitzer auch noch: »Bist du etwa neidisch, weil ich gütig bin? Kann ich nicht mit meinem Eigentum machen, was ich will?«

Er bezeichnet sich also selbst als gütig. Wir dürfen nicht Gott Vater als den Gütigen, wie er hier dargestellt ist, sehen, sondern müssen Gottes Gerechtigkeit als Antithese zum Handeln des Weinbergbesitzers verstehen. Denn ein wirklich Gütiger hätte zu Beginn des Tages alle Arbeiter eingestellt, hätte ihnen eine feste Arbeitsstelle gegeben und sie damit dauerhaft abgesichert.

Wie endet das Gleichnis? Die Letzten werden die Ersten sein und die Ersten werden die Letzten sein. Das ist nach Luise Schottroff so zu verstehen, dass es wieder Hoffnung gibt für die Tagelöhner, dass es auf der Welt zwar Ungerechtigkeit, aber dass es auch die Verheißung gibt. Und wieder sehe ich den Bezug zu den Seligpreisungen: Die Leidenden sollen trotzdem den Weg des Gewaltverzichts gehen, um den Segen, den Anteil am Reich Gottes zu haben.

Wenn ich diese Bibelstelle für mich übersetze, kann es nur um die Frage gehen: Was heißt es, Eigentum zu besitzen? Wem sind wir verpflichtet mit diesem Eigentum? Den nachfolgenden Generationen, der ganzen Welt? Wir sind verpflichtet, mit den Rohstoffen so zu wirtschaften, dass sie für alle ausreichen, so wie Mahatma Gandhi sagt: Die Welt hat genug für jedermanns Bedürfnisse, aber nicht für jedermanns Gier. Es ist für mich wieder ein Gleichnis, das zu radikaler Umkehr aus dem System auffordert. Und der Aufruf ist heute angesichts unserer ausbeuterischen Konsumwirtschaft aktueller denn je. Es ist an der Zeit, diesen Gedanken weiterzuspinnen für eine Gesellschaft, die nicht auf maximales Wachstum aus ist, sondern versucht, ihren Spielraum an den anderen Werten, wie sie uns in den Seligpreisungen vermittelt werden, auszurichten.

Leider kann ich nicht mehr weiterdenken, weil ich zu meinem Gespräch mit Schwester Bernadette eilen muss. Heute geht es hauptsächlich um die Gleichnisse und deren Interpretation. Und darum, was ich für mich darin entdecken kann. Beispielsweise, dass Jesus immer freundlich auf die Menschen zugeht, auch wenn sie ihm kritisch gegenüberstehen. Das erinnert mich an meine eigene Situation. Ich erzähle Schwester Bernadette vom Anruf meiner PR-Chefin und wie es mich verunsichert hat, dass andere meine Auszeit negativ bewerten. Vor allem sprechen wir über die schlechte Kritik, die ich im letzten Jahr bekommen habe, und wie schwierig es ist, als Führungsperson immer den richtigen Weg zu finden.

Dazu muss man wissen, dass die ÖDP eine noch relativ kleine Partei und in den Medien und in der Öffentlichkeit insgesamt noch nicht richtig präsent ist. Es gilt also, die Partei bekannt zu machen. Schon beim Volksbegehren und generell bei meinen politischen Aktivitäten als Passauer Stadtrat versuche ich immer etwas Provokantes, das Aufsehen erregt, mit inhaltlich Fundiertem abzuwechseln. Ich wende also eine »pädagogische« Technik an, Aufmerksamkeit zu erringen, um dann Inhalt transportieren zu können. Das kommt jedoch nicht immer gut an. Vor allem bekomme ich Kritik aus den eigenen Reihen, wenn jemand mich nicht in meiner Gesamtheit als Person begreift, nicht versteht, worum es mir geht. Wenn jemand nur diese »Janusköpfigkeit« sieht und nicht versteht, dass sehr wohl kalkuliert ist. An meiner Person scheiden sich die Geister. Es gibt die, die mich als absolut genial empfinden, und die, die mich rundweg ablehnen. Vielleicht, weil sie neidisch sind, oder vielleicht, weil sie nur einen Teil meiner Persönlichkeit erkennen können.

Neid, habe ich festgestellt, ist generell eines der Grundübel unserer Gesellschaft. Den anderen neidlos zu betrachten, ihn anzunehmen, wie er ist, und es eher für sich selbst als positive Stärkung zu erkennen, sich dadurch weiterzuentwickeln, das fällt vielen schwer. Mit dem Thema »Neid« beschäftige ich mich schon seit längerer Zeit, da ich immer wieder, ob in meiner Schulzeit oder im Studium, damit konfrontiert wurde. Aber vielleicht ist es gar kein Neid, sondern eher Unverständnis oder Angst. Ich nehme die Menschen vielleicht zu wenig mit, gehe ein sehr schnelles Tempo und habe oft eine unkonventionelle Herangehensweise. Das verunsichert und schreckt manche in meinem Umfeld ab. Neid ist immer ein vielschichtiges Problem. Aber ich darf ebenso wenig in diese Falle tappen. Da gibt es nur einen Weg: Wenn mich andere Persönlichkeiten faszinieren oder ich sehe, dass sie etwas besser können, dann gilt es zu verstehen, was mich fasziniert, was ich lernen kann. Sehr hilfreich war für mich meine Ausbildung zum NLP-Practitioner. Die therapeutische Ausbildung im Neuro-Linguistischen-Programmieren stärkt, weil man sich mit sich selbst beschäftigt. Ich denke, es ist das Wichtigste, erst einmal seine eigene Identität zu kennen, sich der eigenen Vergangenheit zu stellen, dem, was einen beschäftigt, die »Pakete« kennenzulernen, die man mit sich herumschleppt, und zu üben, wie man sie loswerden kann. Erst dann ist man in der Lage, Menschen richtig einzuschätzen und als Therapeut für den Klienten die richtige Methode zu finden, die in der aktuellen Situation genau passt. Nicht der Klient ist das Problem, wenn etwas nicht funktioniert, sondern der Therapeut muss versuchen, sich auf den Klienten einzustellen.

Und noch etwas hat mich NLP gelehrt und ist zu einer Art Grundphilosophie für mich geworden: In jedem Menschen, in jeder Handlung ist etwas Positives zu sehen. Auch in den Menschen, die mich erbarmungslos kritisieren. Vielleicht habe ich mit meiner Medienpräsenz tatsächlich übertrieben, vielleicht haben sie aber auch Angst, dadurch selbst in ein schlechtes Licht zu geraten. Auch in dieser Angst, dieser Unsicherheit, etwas Positives zu sehen – sie zum Beispiel als eine Schutzhandlung zu verstehen –, ist eine Herausforderung.

So komme ich wieder zurück zu meinem Glauben, der mich in der Überzeugung stärkt, dass das Göttliche, das Schöpferische in jedem Menschen steckt. Und genau das ist es, was mich an den Gleichnisinterpretationen von Luise Schottroff überzeugt, dass nämlich Jesus immer von einem Menschen ausgeht, der das Leben bejaht, aber in einer unterdrückenden Gesellschaft lebt. Der Mensch ist also von Hause aus gut. Darum gilt es, sich immer wieder vor Augen zu führen, dass, gleichgültig, wem ich begegne, er es prinzipiell gut meint. In diesem Kontext sind aller Neid und Hass im Zusammenhang mit dem Volksbegehren zum Nichtraucherschutz, egal von welcher Seite – Nichtraucher oder Raucher –, der mir nach wie vor entgegenschlägt, zu sehen: Die Menschen haben ein Ziel gefunden, um Dampf abzulassen. Und solange ich das Ziel bin, ist es in Ordnung, denn ich kann damit umgehen. Vorausgesetzt, ich habe ein entsprechendes System, um diese Anteile herauszufiltern. Was ich nicht immer hatte, gerade in der Zeit, als mir die Energie verloren ging. Da funktionierten die »Filter« nicht und ich nahm Angriffe persönlich. Wenn das geschieht, fühle ich mich ausgesprochen unwohl. Sofort greift Kritik das Selbstbewusstsein an und ich verliere den Boden unter den Füßen. Aber zum Glück habe ich jetzt diese Woche, in der ich für mich Kraft tanken kann, denn sie ist frei von dieser Art von Kritik. In dieser Auszeit bin ich mithilfe der Gleichnisse zu mir zurückgekehrt, im Eremitenraum, der mein ist und mich behütet und beschützt.

Was die Gleichnisse angeht, so bespreche ich jetzt mit Schwester Bernadette eines zum Thema Geldwirtschaft. Jesu radikalpolitische Forderung lautet, sich mit Geld Freunde zu machen und Geld nicht zu missbrauchen, um andere zu unterdrücken.

Das Gleichnis vom klugen Verwalter (Lk 16,1–13):
Jesus sagte zu den Jüngern: Ein reicher Mann hatte einen Verwalter. Diesen beschuldigte man bei ihm, er verschleudere sein Vermögen. Darauf ließ er ihn rufen und sagte zu ihm: Was höre ich über dich? Leg Rechenschaft ab über deine Verwaltung! Du kannst nicht länger mein Verwalter sein. Da überlegte der Verwalter: Mein Herr entzieht mir die Verwaltung.

Was soll ich jetzt tun? Zu schwerer Arbeit tauge ich nicht und zu betteln schäme ich mich. Doch – ich weiß, was ich tun muss, damit mich die Leute in ihre Häuser aufnehmen, wenn ich als Verwalter abgesetzt bin. Und er ließ die Schuldner seines Herrn, einen nach dem andern, zu sich kommen und fragte den ersten: Wie viel bist du meinem Herrn schuldig? Er antwortete: Hundert Fass Öl. Da sagte er zu ihm: Nimm deinen Schuld-schein, setz dich gleich hin und schreib »fünfzig«. Dann fragte er einen andern: Wie viel bist du schuldig? Der antwortete: Hundert Sack Weizen. Da sagte er zu ihm: Nimm deinen Schuldschein und schreib »achtzig«. Und der Herr lobte die Klugheit des unehrlichen Verwalters und sagte: Die Kinder dieser Welt sind im Umgang mit ihresgleichen klüger als die Kinder des Lichtes.

Es geht in diesem Gleichnis um einen reichen Mann, vermutlich um einen Geschäftsführer, der unrecht handelt. Aber was ist Unrecht? Er handelt unrecht im Auftrag des Gesetzes, der Tora, vielleicht des römischen Rechts, der Provinzrechte. Denn er er-lässt Schulden, er ist betrügerisch. Was erkauft er sich damit? Er erkauft sich Wohlwollen und Gastfreundschaft, die mehr be-deutet, als nur bei jemandem wohnen zu dürfen und Nahrung zu bekommen. Diese Gleichniserzählung endet offen. Wir wis-sen nicht, was der reiche Mann mit seinem Geschäftsführer ma-chen wird, ob der Betrüger seine Pläne verwirklichen kann.

Meiner Meinung nach ist der Erklärungsversuch nicht über-zeugend, dass der reiche Mann seinen betrügerischen Finanz-verwalter lobt, weil die erleichterten Schuldner schon begonnen haben, ihn zu preisen. Man kann sich auch kaum vorstellen, dass Jesus einen Betrüger lobt. Aber genau das versucht der Text nach Luise Schottroff klarzumachen: Es wird kein Betrü-ger gelobt. Nein, dieser Verwalter ist kein gerechter Mensch, schon gar nicht im Königtum Gottes, aber er wird in diesem Fall zum Lehrmeister für uns. Was können wir von ihm lernen? Wir können lernen, dass wir im System der ungerechten Geldwirtschaft, die Unterdrückung und Missbrauch mit sich bringt, das Zinseszinsfinanzsystem, das die Ausbeutung von niedriggestellten Leuten, Bauern, Frauen, Kindern mit sich bringt, dass wir in diesem ungerechten System mit unserem Geld Freundschaften aufbauen sollten.

Luise Schottroff erklärt, dass sich das ganze Kapitel 16 im Lukasevangelium um das Geldsystem dreht. Damals wurden Ehen geschlossen, um sich finanziell abzusichern, und so wurden Frauen oder ganze Familien missbraucht. Daher die Worte von Jesus: Du sollst dich nicht wieder verheiraten, wenn du in einer Ehe bist, also: Du sollst diesen Missbrauch der Ehe, um Profit zu erwirtschaften, nicht mitmachen.

Interessant dazu der Apostel Paulus: »Wenn du dich wieder verheiratest, sollst du dich zuvor versöhnt haben. Du sollst also jungfräulich in die Ehe gehen.« »Jungfreulich« bedeutet hier aber nicht, unverheiratet in die Ehe zu gehen, es geht vielmehr darum, sich in Frieden zu trennen und die Trauer darüber durchlebt und abgelegt zu haben. Es ist also kein Widerspruch zu den Worten Jesu, der in Kapitel 16 von der »Nichtwiederverheiratung« spricht.

Man muss also – das habe ich gelernt – die Kapitel im Gesamten sehen und darf nicht einen einzigen Satz aus der Bibel herausgreifen. Wir können auch in einem ungerechten System von Leuten lernen, trotzdem sollen wir selbst nicht ungerecht handeln. Das Zentrale ist: Mit Geld kann man klug handeln und soll man Freundschaften aufbauen. So ist in diesem Fall das Ziel sicher nicht asketische Armut oder das Gebot, alles aufzugeben, um sich Freunde zu machen, sondern es geht um eine ökonomische Solidarität. Es gilt, so meine Interpretation, weltweit soziale Mindeststandards einzuhalten. Die ganze Menschheit muss einbezogen werden.

Ich habe mir – unter dem Eindruck der Gleichnisse – für heute Abend vorgenommen, Briefe zu schreiben an Menschen, die mir Geld schulden. Ich bin immer bereit, Freunden schnell zu helfen und ihnen Geld zu leihen. Aber ich bin dabei durchaus enttäuscht worden. So haben zwei Freunde, die mir einen großen Betrag schulden, den Kontakt abgebrochen. Ich weiß, dass die Schulden für sie eine Belastung sind, denn sie können das Geld momentan nicht zurückzahlen, und dann haben sie auch noch andere Probleme. Ich möchte ihnen heute schreiben und ihnen die Schulden erlassen. Ich will mich auch erkundigen, wie es ihnen geht und ob wir nicht wieder in Kontakt kommen können.

Ich werde auch Urban Mangold schreiben, mit dem ich zurzeit ein Zerwürfnis habe. Er, der zweite Bürgermeister von Passau und Geschäftsführer der bayerischen ÖDP, ist mein politischer Ziehvater.

Schwester Bernadette ist überrascht, welchen Auftrieb ich durch das Lesen der Gleichnisse bekomme. Der Abendgottesdienst findet leider heute nicht im Dom, sondern in der Krypta statt. Es sind sehr viele Menschen gekommen, im Vergleich zum schon fast einsamen Mittagsgebet, aber ich habe trotzdem ein sehr gutes Gefühl. Dompfarrer Strasser hat hier keinen Organisten für die musikalische Begleitung zur Verfügung, sondern spielt während der Kommunionausteilung *Air* von Johann Sebastian Bach von einer CD ein. Dieses Musikstück bringt mich immer wieder zur Besinnung und zur Ruhe. Ich liebe die Interpretationen von Bachs *Air* durch die *Klazz Brothers,* die diese alte Musik mit Schlagzeug, Klavier, Bass und Percussion-Sound spielen, sehr rhythmisch, aber doch auch behutsam.

Ich spüre, wie gut es mir geht, wenn ich mich auf den Weg von Jesus mache. Ist nicht doch dies meine Berufung: Pfarrer zu werden? Immer wieder kommt mir dieser Gedanke, dann verdränge ich ihn wieder. Was ist eigentlich Berufung? Wann wird man in einen Dienst berufen? Dann erinnere ich mich wieder an die katholische Kirche und ihre vielen Probleme, die Doppelmoral, die Kirchenkritik und fühle mich abgestoßen.

So komme ich wieder zur Überzeugung, dass ich auf dem richtigen Weg bin, mich zu engagieren. Ich kann Menschen die Kirche als spannend eröffnen, ich kann Möglichkeiten finden, etwas zu verändern, beispielsweise durch die *Nächte der offenen Kirchen,* durch meine Tätigkeit als Reiseleiter und durch das Jesusmusical, das ich schreibe, um die Botschaft auf eine andere Art zu verkünden. Das ist wohl meine Berufung.

Bedrohungen aushalten

Während ich darüber nachdenke, esse ich ein Brot mit selbst gemachter Marillenmarmelade, die ich im Schrank gefunden habe. Bei Marillenmarmelade denke ich immer an die Wachau zurück. Die Wachau, wo es die Marillen, auf Deutsch Aprikosen gibt. Im Frühjahr zur Marillenblüte, wenn die Wiesen mit einer weißen Blütenpracht überzogen sind, komme ich mir vor wie im Paradies! In Gedanken an diese Pracht und ohne mir noch die Zähne zu putzen, den köstlichen Geschmack der Marillenmarmelade im Mund, gehe ich ins Bett.

Doch ich bin noch viel zu wach und komme auf die Idee, mir einen lang gehegten Wunsch zu erfüllen, nämlich den Dom nachts allein zu erleben. So packe ich mich warm ein, nehme Taschenlampe, Notfallhandy und den Schlüssel mit und steige durchs Treppenhaus hinab. Es ist immer wieder schön, in diesem Treppenhaus mit den gotischen Fenstern und bizarren Schattenspielen zu sein, in dem Gefühl, ganz im Einklang mit Geschichte zu sein, mit der Geschichte des Glaubens, mit der Geschichte dieses Baus, aber auch mit der Geschichte einer Stadt. Den Blick in den Nachthimmel, auf den grün erleuchteten Jesuitendom und die gelbliche Stadtpfarrkirche und andere farbig beleuchtete Fassaden – alles nehme ich auf.

Mit frohem Mut steige ich immer weiter zum Dom hinab, hole mir eine Kerze vom Opferstock im linken Seitenschiff und setze mich mit einem Gesangbuch mitten in den Dom. Es ist dunkel, durch die Gewölbefluchten oben fällt ein wenig Licht, an den Opferstöcken flackern auf beiden Seiten Kerzen und eine wunderbare, herrliche Stille herrscht. Nur vereinzelt dringen Geräusche von außen herein. Ich werde für mich allein eine *Vesper* singen oder doch lieber ein Morgenlob, denn die *Laudes,* die mir in der Adventszeit so viel Anheimelndes gegeben hat, die ich noch vor ein paar Tagen mit meinen Freunden Lukas und Johannes am Heiligen Abend gesungen habe, ist mir vertraut. Ich eröffne mit »Herr öffne meine Lippen, damit mein Mund dein Lob verkünde«. Als Hymnus singe ich 116, doch ich komme nur bis zur dritten Strophe. Da – plötzlich ein Geräusch! Ist da jemand? Ich schrecke innerlich zusammen. Das kann doch gar nicht sein, es ist ja alles abgesperrt und noch dazu mit Alarm gesichert. Aber da war doch ein Geräusch draußen! Ich denke nicht weiter darüber nach und singe weiter. Doch als ich mit dem ersten Psalm beginne, höre ich wieder ein Geräusch. Erneut zucke ich zusammen. Da war jetzt doch jemand an der Tür! Ich warte einige Sekunden und beruhige mich wieder. In einer großen Kirche gibt es überall Geräusche in den Ecken und Nischen und vom Dach: Schnee, der herabrutscht, irgendwelche Vögel oder Ähnliches, Ratten vielleicht. Aber ich drehe mich trotzdem beunruhigt um. Gähnende, tiefe, schwarze Leere – es ist relativ weit bis zu meiner rettenden Stiege nach oben, stelle ich fest. Ich spähe nach vorn – man sieht nichts. Ich mache die Taschenlampe an und leuchte umher. Singen wir weiter, ermutige ich mich. Doch mitten im zweiten Psalm wieder diese Geräusche. Da ist doch jemand, da höre ich doch Schritte. Kommt jetzt jemand oder nicht? Mir ist derart mulmig, dass ich noch zwei Minuten sitzen bleibe und warte. Es ist nirgends etwas zu sehen, kein Licht, einfach nur Dunkelheit. Mir schießen alle mögliche Gedanken durch den Kopf. Hat jemand gewusst, dass ich im Dom bin? Es stand ja in der Presse. Ist es jemand, der mir nach dem Leben trachtet? Was würde ich machen? Wohin? Rufen? Den Alarm auslösen? Ich war eigentlich nie ängstlich, aber die Anfeindungen nach dem Volksbegehren haben mich in dieser Hinsicht doch verändert. Es häufen sich mittlerweile fast 4.000 Beschimpfungs-E-Mails, mehrere Dutzend Morddrohungen, Androhungen, mich zu verprügeln. Zweimal hatte ich Polizeischutz bei Veranstaltungen und das war auch gut so. Was mich am Schlimmsten getroffen hat, waren Fotomontagen im Internet, auf denen mein Kopf auf Terrorleichen montiert war, die nur noch Kopf, Oberkörper und einen Arm hatten, bei denen die Gedärme herausschauten, weil der Rest weggesprengt war. Perfekt nachgemacht und dazu der Aufruf, mir genau das anzutun. Oder ein Horrorfilm, in dem ich von einer Säge zerschnitten werde.

Wer macht so etwas? Wer fertigt solche Bilder an und stellt sie ins Internet? Ist nicht doch jemand darunter, bei dem vielleicht gerade viel Not zusammenkommt, Frau verloren, alkoholkrank, Drogenabhängigkeit, Arbeitsstelle angeblich wegen des Rauchverbots verloren und der dann bereit ist, so etwas zu tun?

Oder der Terror durch die unglaublich vielen Pakete, die Warenbestellungen, die ich unverlangt erhalten habe, mittlerweile im Wert von mehreren Hunderttausend Euro, der auch an den Nerven zerrt. Es sind zwar weniger geworden, aber ein bis zwei pro Woche kommen immer noch an. Dann die Zigarettenkippen auf dem Auto oder im Briefkasten, Pakete mit Zigarettenkippen. Ich mache Pakete nur noch im Freien auf, wenn niemand in der Nähe ist, um einer möglichen Verpuffung allein ausgesetzt zu sein und damit sie nach oben weggeht. Ich möchte trotzdem immer an das Positive im Menschen denken. Ich glaube nicht, dass mir etwas passiert, und wenn, dann hat es wahrscheinlich sein sollen. Dann habe ich mir das selbst geschaffen, um daraus zu lernen oder in der Gesellschaft etwas zu verändern. Ich glaube sehr an das Positive.

Aber in diesem Moment, jetzt, obwohl ich in meinem behüteten Linzer Dom sitze, läuft es mir kalt den Rücken hinunter und ich fange direkt zu zittern an. Ich starte noch einmal einen Versuch weiterzusingen, aber ich bin überhaupt nicht mehr in der Stimmung. Beim nächsten Geräusch zucke ich zusammen, stehe auf, lösche meine Kerze, knipse die Taschenlampe an und eile im Laufschritt nach hinten zu meinem Eremitenaufgang. Mit zittriger Hand sperre ich die Tür auf, gehe schnell hinein, schließe sicherheitshalber hinter mir zu und steige die Treppen hinauf. In Höhe der Orgel, wo ich das Sicherheitsgitter eigentlich immer offen lasse, sperre ich es dieses Mal ab und eile hinauf in die Stube. Ich drehe keine Runde mehr auf dem Aussichtsturm, sondern sperre beide Türen ab.

Ich liege im Bett und lausche: Kommt jemand die Treppe herauf? Natürlich gibt es Geräusche draußen im Freien. Ich verkrieche mich in meine Decke. Das Licht ist aus. Aber ständig geht es draußen an, denn es ist ein Bewegungsmelder vor meiner Tür. Mir läuft es wieder kalt den Rücken hinunter, bis ich nach einer Weile sicher bin, dass doch niemand da ist. Ich schaue noch einmal hinaus. Der Bewegungsmelder hat anscheinend eine Fehlfunktion, er geht dreimal hintereinander an und aus, bis das Licht endlich dauerhaft ausgeht, was mir bis jetzt gar nicht aufgefallen ist.

Aber irgendwie ist die Stimmung seltsam. Ich nehme wieder das Buch von Luise Schottroff zur Hand, um mich etwas zu beruhigen, und versuche zu lesen, aber ich komme nicht weiter, denn ich frage mich ständig: Kommt jemand? Kommt niemand? Mir wird klar, wie sehr mich das letzte halbe Jahr mitgenommen hat.

MITTWOCH, 29. DEZEMBER

Mein Ziel: Volk, entscheide!

Es ist ein wunderschöner Morgen mit herrlichem Sonnenaufgang. Ich sehe, wie sich die Nebel über Linz langsam lichten. Nach einem kleinen Frühstück und der üblichen »Dusche« gehe ich zum Domcenter, wo der Redakteur des *Oberösterreichischen Rundfunks* auf mich wartet. Er möchte das Interview im Dom, im Nachbau der Eremitenstube führen. Die Stube ist eins zu eins meiner Eremitenstube nachgebaut, sogar mein Schlüssel sperrt. Ich bin überrascht. Hätte ich das letzte Nacht gewusst, hätte ich vermutlich die Nacht hier verbracht und wäre nicht in den Turm geflüchtet. Ich beantworte die Fragen: Warum wird man Eremit? Wie geht es mir in dieser Zeit? Wie geht es mir als politische Person? Der Journalist hat nämlich über die österreichischen Zeitungen, die mich mittlerweile als »Prominenten Eremiten aus Bayern« bezeichnen, erfahren, wer ich bin. Später ruft das Domradio Köln im Domcenter an und lässt fragen, ob ich an Silvester oder Neujahr ein kurzes Radiointerview geben könne.

Im Dom bleibe ich noch eine halbe Stunde in der Kirchenbank sitzen. Die Fenster funkeln in herrlichen Farben. Auf den neugotischen Fenstern im unteren Umgang des Kirchenschiffes ist die Geschichte des Linzer Domes, von der Grundsteinlegung bis zum Glockenaufzug, abgebildet. Sie wurden von Klöstern gestiftet, auch von einigen niederbayerischen.

Eine Gruppe von Touristen, die von einer befreundeten

Fremdenführerkollegin geführt wird, bestaunt den Nachbau der Eremitenstube: »Wie das wohl so ist, eine ganze Woche? ... Die ist ganz schön klein ... Da würde mir das Handy fehlen ... Aber das will ich auch mal machen ... Ist ja eine luxuriöse Stätte ... Aber die vielen Stufen.«

Das Gespräch mit Schwester Bernadette musste ich vor die Mittagsgebetsstunde legen, weil ich heute Nachmittag nach Berlin fliege. Anfang Dezember hatte mich das *ZDF Morgenmagazin* angerufen und gefragt, ob ich nicht an einem der Tage vor Silvester Zeit hätte, in einer Livesendung in einem Jahresrückblick mit Heiner Geißler über das Mut-Wut-Bürger-Jahr 2010 zu diskutieren. Auf meinen Einwand, dass ich eigentlich im »Kloster« sei, wurde mir ein Flug von Linz nach Berlin und zurück zugesagt. Leider war es nicht möglich, am gleichen Tag hin- und zurückzufliegen, weil ich bereits um 9 Uhr früh auf Sendung sein werde. So fliege ich heute mit dem letztmöglichen Flieger nach Berlin und morgen gleich nach der Sendung zurück.

Ich habe lange überlegt, ob ich überhaupt in der Sendung auftreten und ob ich den TV-Auftritt publik machen soll. Ich bin schließlich als Eremit im Dom. Trotzdem: Es ist ausgesprochen wichtig, solche Möglichkeiten, öffentlich wirksam zu sein, wahrzunehmen; die ÖDP als kleine Partei und ich als ihr Bundesvorsitzender dürfen solche Gelegenheiten nicht auslassen. Obwohl ich als Nichtraucherschutz-Initiator eingeladen bin, habe ich die Möglichkeit, über das Thema »Direkte Demokratie« zu sprechen und die ÖDP ins Spiel zu bringen. Ich finde, als Bundesvorsitzender habe ich die Pflicht, solche Termine wahrzunehmen.

Jede/r hat Verantwortung

Im Gespräch mit Schwester Bernadette geht es um die gestrige Nacht und wie mich das Volksbegehren doch mitgenommen hat. Schwester Bernadette ist überrascht, wie ich trotz allem in den Menschen etwas Positives sehe und dass ich trotz der Anfeindungen nicht verbittert bin. Wir kommen dadurch auf einige Erlebnisse in meiner Vergangenheit zu sprechen. Schon als Schülersprecher und in der Jugendarbeit habe ich Unverständnis und Abqualifizierung erlebt. Ich habe beispielsweise – durchaus reflektiert – mit den Jugendlichen ein kumpelhaftes Verhältnis gehabt und konnte gleichzeitig in der Vorbildfunktion etwas vermitteln. Das wurde nicht als pädagogische Haltung verstanden. Ganz extrem war es, als ich für mehrere Wochen einen Religionslehrer vertreten habe, der in Vaterschaftsurlaub ging. Von einem Tag auf den anderen sollte ich 26 Unterrichtsstunden in 12 Klassen geben. Da habe ich natürlich nur ein sehr reduziertes Programm anbieten können. In den unteren Klassen hielt ich mich, so gut es ging, an den Lehrplan, aber in den oberen Klassen habe ich viel diskutiert, den Stil meiner Stadtführungen thematisiert und Gespräche über die Lebenssituationen der Schülerinnen und Schüler geführt. Wir hatten Spaß, aber es gab auch Zeiten, zum Beispiel bei Themen wie »Suizid« und »Lebenskrisen«, in denen es mir gelungen ist, emotional nahe an die Schüler heranzukommen. Da wurde es ernst. Einige Schüler haben mich nach dem Unterricht zu persönlichen Lebenskrisen angesprochen und einigen habe ich daraufhin Unterstützung und Therapieplätze vermittelt. Gerade wegen meiner Schülernähe und meines persönlichen Stils bin ich von anderen Lehrkräften gemieden, kritisiert und angegriffen worden. Sie haben nicht verstanden, dass die Schüler durch einen unkonventionellen Weg viel für sich persönlich mitgenommen haben.

Wenige Monate später habe ich an dieser Schule zusammen mit einer Kollegin ein Projekt organisiert: »Lichterwege«. Es ging um die Schulstifterin Maria Ward. Wir wollten sie in 14 Stationen mit allen Sinnen erfahrbar machen. Ziel war, dass jede Schülerin und jeder Schüler der beteiligten Klassen eine Aufgabe bekommen könnte, die genau zu ihm oder ihr passte. Einige bekamen handwerkliche Aufgaben. Sie räumten beispielsweise einen Keller frei, damit dort ein Tanz zu gregorianischer Musik aufgeführt werden konnte. Dieser Tanz handelte von Maria Wards Übergang von der Novizin zur Klosterschwester. Andere Schülerinnen und Schüler führten die Eltern und Prominenten an den zwei Abenden durch das Gartengelände, die Keller und Innenhöfe, wo überall etwas aufgeführt wurde. Für sie hatte ich historische Kostüme ausgeliehen. Mit anderen hatte ich die Texte entwickelt. Andere hatten ein kleines Schauspiel selbst geschrieben und die Musik komponiert. Viele Lehrkräfte waren eingebunden, teilweise auch Eltern und Gemeindemitglieder.

Ich war dankbar, dass die Schule so etwas ermöglicht hatte. Die Öffentlichkeitswirkung war groß. Schade, dass es nur zwei Termine gab, um die Aufführung zu sehen. Schade auch, dass so etwas nicht als alljährliche Aktion etabliert wird. Gerade die achten Klassen sind bei dem Projekt zu richtigen Gemeinschaften zusammengewachsen. Ich erinnere mich an Momente, die noch heute eine funkelnde, zündende Begeisterung in mir auslösen. Beispielsweise als sich 24 Mädchen im Alter von 14 bis 16 Jahren bei der Anprobe der alten Gewänder gegenseitig geholfen haben, obwohl sie zuvor nicht immer einer Meinung, auch ein bisschen zerstritten waren. Sie haben für jede das Passende ausgesucht und kamen sich dadurch näher. Und dann am ersten Abend, bevor die Aufführung begann! Draußen donnerte es und wir waren nicht sicher, ob das Wetter halten würde. Der Inn, der um die Klosterschule herumfließt, führte ziemlich viel

Wasser. Der Abendhimmel erzeugte eine phänomenale Stimmung. Ich hatte alle Schüler auf einem Platz versammelt und sie darauf eingeschworen, dass sie eine Gemeinschaft sind, dass sie sich bitte an diesem Abend gegenseitig unterstützen. Da habe ich gespürt, wie der Funke übergesprungen ist, der Funke der Gemeinschaft, des Wertgeschätztseins in dieser Gemeinschaft. Es ging viel um Spaß bei der Entwicklung dieses Projekts, darum, dass Schule auch anders sein kann. Es ging darum, sich selbst kennenzulernen, zu erfahren, dass man wertgeschätzt wird, weil man etwas kann, weil man in einem größeren Ganzen besteht. Diesen Moment, als sich zwei nervöse Jugendliche gerade bewusst werden, welch besonderer Augenblick das jetzt für sie ist, werde ich lange in Erinnerung behalten.

Ich habe – auf Wunsch des Rektors – zu Beginn durch das Programm geführt, die Ehrengäste launig, wie bei meinen Führungen, vorgestellt. Ich hatte viele Stunden Zeit und viel Kraft in das Projekt investiert für im Grunde genommen ein Dankeschön. Gerade deshalb empfand ich die anschließende harsche Kritik als sehr ungerecht. Nun musste ich mir anhören, dass ich doch eigentlich zu diesem Projekt nichts beigetragen und mich doch nur wieder einmal selbst in den Vordergrund gestellt hätte. Ich hätte gewisse Honoratioren nicht ausreichend gewürdigt und den Schwerpunkt zu sehr auf die Aktionen der Schülerinnen und Schüler gelegt. So etwas tut weh. Mir ging es wirklich um die Schüler, darum, ihnen etwas zu vermitteln. Und dann heißt es, ich sei nur ein Blender.

Aber auch hier gilt es darüberzustehen, zu akzeptieren, dass Neid und Kritik oft eine Rolle spielen, aber einen nie aus dem Konzept bringen dürfen. Für wen engagiert man sich, um wen geht es eigentlich?, das sind die entscheidenden Fragen. Ich hatte an diesem Abend alle Szenen auf Video aufgenommen und zu einem gut einstündigen Film zusammengeschnitten. Im Abspann habe ich jede einzelne Schülerin, jeden einzelnen Schüler wie in einem Kinoabspann namentlich und mit ihrer Funktion genannt. Diese DVD habe ich relativ hochwertig produziert und sie den Schülern am Tag vor Weihnachten zur Erinnerung übergeben – und mit dem Hinweis, sich diese DVD anzusehen, wenn sie einmal Energie bräuchten, wenn es ihnen nicht gut gehe oder wenn sie sich, berechtigt stolz auf ihre Leistung, anderen Leuten präsentieren wollen.

Ich brauche solche Momente, wenn ich sehe und spüre, dass ich wirklich etwas bewegen, verändern kann, wie damals, als die Menschen in der *Nacht der offenen Kirchen* aus dem Dom kamen und mit strahlenden Augen sagten, sie hätten etwas erlebt und für sich mitgenommen, etwas ganz Besonderes. Diese Veränderung der Gesellschaft von der Basis her, bei der ich direkt in Interaktion stehe, dort, wo es nicht ständig um Machtspielchen und Medienecho geht, ist mir sehr wichtig und das brauche ich als Ausgleich.

Darum ist mir auch die Notfallseelsorge so wichtig. Ich habe 2007 damit begonnen, weil ich stellvertretender Dekanatsratsvorsitzender im Stadtdekanat Passau wurde und für die Notfallseelsorge immer wieder Leute gesucht werden. Die hauptamtlichen Pfarrer und Gemeindereferenten sind nämlich schon ausgelastet, es gibt viel zu wenig Ehrenamtliche. Ich wollte diese Arbeit mit fundierter Kompetenz angehen und habe deshalb eine einjährige Ausbildung absolviert. In der Notfallseelsorge, in Krisensituationen bei plötzlichen Todesfällen, ist es wichtig, dafür zu sorgen, dass Bestatter oder Rettungskräfte nichts tun oder sagen, das die Verlustbewältigung der Trauernden gravierend beeinträchtigen könnte. Wenn zum Beispiel ein Kind nach einem dramatischen tödlichen Unfall entstellt ist und den Eltern geraten wird, es lieber nicht anzusehen, ist es wichtig, ihnen zu ermöglichen, ihr Kind zu berühren, um wirklich sinnlich zu begreifen, dass es tot ist. Auch ein kleines Abschiedszeremoniell hilft den Angehörigen. Für die Menschen da zu sein und sie so zu begleiten, dass sie nicht mit Medikamenten betäubt werden müssen, dass sie deshalb die Situation miterleben und später auch abschließen können, das ist meine Aufgabe, wenn ich als Notfallseelsorger unterwegs bin.

Daneben schätze ich es richtiggehend, dass ich in solchen Situationen Menschen begegne, die ungeschminkt, authentisch sind. Es ist faszinierend, wie Menschen mit den Fragen »Warum? Wohin?« umgehen. Natürlich, die Theodizeefrage, die Frage, weshalb es in Anbetracht eines gütigen Gottes so viel Leid gibt, lässt sich in diesen Momenten erst recht nicht beantworten – man braucht sie auch nicht zu beantworten. Es geht darum, da zu sein und die Menschen nicht alleinzulassen, aber auch darum, etwas Hoffnung zu vermitteln.

Für mich bedeuten diese Einsätze eine Art Erdung. Ich erlebe eine Wirklichkeit, in der es um die Substanz geht, nicht um manche eigentlich unbedeutende Pressemitteilung. Und so beschäftige ich mich ebenfalls immer wieder mit der Frage Warum? und Wohin?. Ich habe keine Antwort, lasse jedem seine Meinung, solange er damit niemanden einschränkt oder unterdrückt. Es geht um den Glauben. Wir wissen nicht, was nach dem Tod kommt. Und ich selbst bin stets dabei zu erforschen: Was ist mein Glaube? Walter Kasper, den ich in einem Seminar in Rom erleben durfte, hat gesagt, in allen Wegen, in allen Religionen stecke ein Fünkchen Wahrheit zum ewigen Leben oder zu Gott oder wie auch immer Menschen dieses Mehr bezeichnen. Dieses Mehr heißt für mich: »Wo zwei oder drei in meinem Namen versammelt sind, da bin ich mitten unter ihnen.« Darum geht es mir auch in Notfallsituationen: einfach da zu sein.

Schwester Bernadette und ich diskutieren noch eine ganze Weile über den Umgang mit dem Tod, über den Orden und kommen zurück zum Thema meines positiven Denkansatzes, meines positiven Weltbildes. Für mich erschafft die Seele eines Menschen die Situation. Wir Menschen haben unglaublich viele

Möglichkeiten. Wir geben nur viel zu viel von unserer Verantwortung, sei es bei religiös-ethischen Fragen oder in der Politik, ab oder fühlen uns ohnmächtig. Wenn viel unbewusst abläuft, schafft sich der Mensch seine Situationen ungewollt selbst. Wenn er sich dagegen seiner Macht und Verantwortung bewusst wird, bringt er das Göttliche in sich zur Entfaltung und ist schöpferisch. Das heißt, dass ich mir nachts im Dom selbst eine Angstsituation geschaffen habe und dass ich selbst manche schwierige Phase in meinem Leben herbeigeführt habe. Im Nachhinein bin ich froh um diese Phasen, denn ohne sie wäre ich nicht so geworden, wie ich jetzt bin.

Die Philosophie, wir würden alles selbst – wenn auch unbewusst – steuern, ist zu hinterfragen. Auch ist zu unterscheiden, ob ich selbst mein Leben so deute oder ob ich anderen die Verantwortung für ihr Unglück aufbürde, zum Beispiel wenn es um Kriege oder Missbrauch geht. Bei einer Diskussion wurde ich von jemandem, der gerade ein Familienmitglied verloren hatte, heftig kritisiert. Aber ist nicht auch der Tod eines Menschen im Grunde genommen ein Wendepunkt, ein Neuanfang? Ich selbst habe keine Angst mehr vor dem Tod, denn ich spüre durch meine Notfall-Einsätze, wie viel Energie hier frei wird, ich sehe, wie eine Familie in diesen schweren Situationen, angesichts der Frage, warum ein Mensch gegangen ist, zusammenrückt. Vielleicht ist diese Philosophie aber auch nur meine Erklärung für menschliches Leid, sodass ich meine Notfalleinsätze positiv gestimmt angehen kann.

Die aktive Lebenshaltung bedeutet, dass wir mehr Verantwortung übernehmen können und sollen. Dazu braucht es einen geistigen Fortentwicklungs- und Gedankenprozess. Um den zu ermöglichen, brauchen wir mehr direkte Demokratie. Wir Bürgerinnen und Bürger müssen entscheiden. Wir haben bisher viel zu viel Verantwortung an Wahlmänner und Politiker abgegeben. Wenn wir jedoch gerade in Sachfragen selbst mehr in der Verantwortung stünden, würde sich einiges ändern.

Die Zeit im Gespräch mit Schwester Bernadette verrinnt wie immer schnell, sodass ich ihr gerade noch eine gesegnete Mahlzeit und sie mir einen guten Flug und einen guten Auftritt in Berlin wünschen kann. Ich gehe direkt in die Krypta, denn es ist schon wieder Zeit für das Mittagsgebet mit dem Eremiten. Es ist aber niemand sonst da, ich bin der Einzige. Doch auf einmal kommt der Vorgängereremit, Johannes. Wir warten noch kurz, aber als niemand mehr kommt, stimme ich zwei Lieder aus dem *Gotteslob* an, lese einen Text aus den vorderen Gebetskapiteln und spreche selbst einige Gedanken aus. Nach dem Gebet umarmen Johannes und ich uns noch lange und er freut sich über den glücklichen Zufall, genau heute gekommen zu sein.

Nachdem ich meinen Essensrucksack hochgetragen und meine Mahlzeit verspeist habe, nehme ich mir das Buch *Kuttenlos* von Erich Wimmer vor, das mir Klara von Domcenter gegeben hat. Es ist so witzig und liebenswürdig geschrieben, dass man den Autor förmlich sieht, wie er sich seinen Mitmenschen zuwendet, wie er seine Eremitenzeit beschreibt, offen und ehrlich. Ich beschließe, das Buch nach Berlin mitzunehmen, denn ich hoffe, mich beim Lesen in meine Eremitenstube versetzt zu fühlen. Dem Autor will ich einen Brief schreiben genauso wie Luise Schottroff. Ich finde, ich könnte mich ruhig häufiger dankbar zeigen, wenn ich etwas Gutes erlebt habe. Warum also nicht auch den Menschen danken, die mich durch ihre Bücher begeistert haben?

Erich Wimmer ist bis ganz hinauf zur Turmspitze gestiegen. Ich beschließe, es ihm nachzumachen – als Highlight vor meinem Flug. Noch dazu ist das Wetter heute so schön. Vielleicht sind die Alpen zu sehen. Weil der Text so hervorragend geschrieben ist und ich Erich Wimmer später kennenlernen durfte (seine Frau war ebenfalls Eremitin), übernehme ich den Text über die Besteigung und möchte den Autor besonders würdigen. Nach diesem Ausflug kann ich nur bestätigen: Es war ein Traum, genau so wie beschrieben. Der Ausblick war großartig.

DIE HOLZTÜR

(…) Ich werde die Türmerstube verlassen, aber nicht nach unten gehen. Ich habe vor, den letzten und höchsten Teil des Turmes zu erkunden. Wie im Garten Eden gibt es auch im Dom einen kleinen, verbotenen Bereich. Die Holztür, die den letzten Abschnitt des Turmes von der Türmerstube trennt, ist mit einem schweren Vorhängeschloss gesichert. Dahinter, im immer enger werdenden, fensterlosen Turmhelm, beginnt eine abenteuerliche Holzkonstruktion aus Balken, Brettern und meterlangen Leitern. Ich habe vor, bis ganz nach oben zum letzten Außenkreuz des Domes zu steigen. Dieser knapp unter der Domspitze gelegene Rundgang befindet sich mehr als einhundert Meter über dem Boden.

(…) verlasse ich die Wärme meines Stübchens, steige die drei Stufen nach unten und wende mich entgegen der üblichen Gepflogenheit nicht den Metallstiegen zu, sondern unmittelbar nach rechts. Vor mir steht, imposant wie eine Wand, die Holztür. Das Vorhängeschloss sieht so aus, als wäre es aus den gesammelten Verboten eines Gottes geschmiedet. Du sollst nicht, ihr sollt nicht, du darfst nicht, sonst …

Ich atme einmal tief durch, dann steige ich auf die Türklinke, ziehe mich an dem Bretterverschlag nach oben und erreiche den Rand der hölzernen Absperrung. Auf der anderen Seite muss ich gar nicht ganz nach unten klettern, weil die erste der imposanten Leitern schon in Griffweite meines Armes steht. Das Geräusch, als ich auf die erste Sprosse steige, ist wie das Seufzen eines Drachen, der seit Jahrhunderten einen Schatz bewacht und wieder einmal von einem hoffnungsfrohen Ritterlein heimgesucht wird. Für den Fall, dass der Drache aufwacht und mich aus seinem Pelz schnippt, habe ich das Notfallhandy dabei. Ich werde den Dommeister anrufen und ihn bitten, mir zu helfen. Bis sich das Sanitätsteam hier herauf vorarbeitet, vergehen nicht wenige Minuten. Ich muss an die Vorwürfe denken, die sich Extrembergsteiger anhören können, wenn sie nicht nur ihr eigenes, sondern auch das Leben der sie rettenden Menschen aufs Spiel setzen. Im Normalfall stehe ich bei solchen Diskussionen aufseiten derer, die lautstark nach dem allgemeinen Sinn von Achttausenderbesteigungen fragen. Jetzt, hier im Turm, auf dem Weg nach oben, bleibt dieser Mensch, der ich im Normalfall bin, im Türmerstübchen zurück. Ich muss ganz einfach über diese Leitern ganz nach oben steigen. Ich muss ein Mal in dieser Woche die Turmstubenrealität in die andere Richtung verlassen, weil ich hier und jetzt die Gelegenheit dazu habe.

Die erste Leiter liegt hinter mir. Auf dem Holzplateau, das der nächsten Leiter als Basis dient, halte ich mich nicht lange auf. Ich habe genug damit zu tun, das Knarren des Holzes zu ertragen, das ganz leichte Schaukeln der Riesenbalken und die heiseren kleinen Aufschreie der Sprossen, wenn ich Schritt für Schritt weiter nach oben steige. (…)

*Die Leitern sind solide, aber alt und ganz aus Holz. Mit solchen Leitern hat man früher Burgmauern erstürmt. Jetzt dienen sie mir dazu, einen äußersten Punkt in meinem Leben zu erreichen. Nach fünf Leiterstockwerken ist der Turm so eng geworden, dass ich zumindest nicht mehr das Gefühl habe, seitlich neben den Planken nach unten fallen zu können. Als ich auf der drittletzten Sprosse ankomme und meinen Kopf über das letzte Holzplateau schiebe, sehe ich eine kleine Tür vor mir. Was mache ich, wenn die abgesperrt ist? Meinen Domschlüssel habe ich im Stübchen gelassen, weil ich nicht damit gerechnet habe, hier auf ein derartiges Hindernis zu stoßen. Ich steige ganz nach oben, greife nach der Klinke und drücke sie nach unten. Das Türchen öffnet sich knirschend, der Herr aus Sibirien bläst mir lang und genüsslich einen Willkommensgruß ins Gesicht.**

---

* Erich Wimmer, *Kuttenlos. Erfahrungen aus der Linzer Dom-Eremitage* © Buchverlag Franz Steinmaßl, Grünbach 2010. www.geschichte-heimat.at

Zurück von diesem Ausflug ist es auch schon Zeit, zum Flughafen zu fahren. Ich packe Jackett und Hemd ein und was ich für den Flug nach Berlin brauche. Die Heizung noch auf Sparflamme gestellt und schon steige ich durch den Turm hinab. Ich bin etwas wehmütig. Ist es wirklich richtig, was ich jetzt mache? Wäre es nicht doch besser gewesen zu bleiben? Ich möchte noch gar nicht in die Welt hinaus. Ich steige in mein Auto ein, das ich erst einmal vom Eis befreien musste, da es in den letzten Tagen geschneit hat. Im Auto gebe ich den Flughafen von Linz ins Navi ein. Die Fahrt dauert nicht lange und ich erlebe einen wunderbaren Sonnenuntergang. Beim Flughafen angekommen, checke ich schnell über mein Handy ein. Am Gepäckaufgabeschalter rät man mir, lieber nur mit Handgepäck zu reisen. Also zurück zum Parkplatz, schnell umziehen und alles Nötige in die Laptoptasche packen. Es gibt nämlich Chaos in London Heathrow und Frankfurt, es ist nicht sicher, dass das Gepäck im Anschlussflug nach Berlin landet. Das hätte mir noch gefehlt! So sitze ich vor dem Gate und warte.

Mir kommt diese Welt fremd vor. In meiner Auszeit ohne Hektik und Stress fühle ich mich wohler. Ich bin aber entspannt und nehme die anderen, die in letzter Minute ankommen, um ihren Flug zu erwischen, gelassen hin. Auf dem Flug nach Frankfurt wird mir bewusst, wie steril diese Fluggesellschaft daherkommt, ohne persönliche Ansprache. Die Stewardessen sind einheitlich angezogen, uniformiert gekleidet. Ich nehme die Passagiere um mich wahr: eine Frau komplett in Schwarz gekleidet, sogar mit passend schwarzen Ringen und einer schwarzen Kette, Geschäftsreisende in Anzügen, ein Pärchen, das sehr verliebt aussieht.

In Frankfurt herrscht noch hektischeres Getriebe als in Linz. Ich gehe zu meinem Gate und bin entsetzt, wie viele Menschen aus dem Urlaub oder auf Businessreisen in diesen letzten Tagen vor Silvester unterwegs sind – unter ihnen ich. Natürlich kommt der Trubel auch daher, dass bedingt durch das schlechte Wetter viele Flüge ausgefallen sind. Die Stimmung ist besonders gehetzt und gereizt. Da ich eine gute Dreiviertelstunde auf meinen Flug warten muss, hole ich meinen Laptop heraus und checke meine E-Mails. Es sind gut 250, die sich in den fünf Tagen seit Heiligabend angesammelt haben. Ich prüfe nur kurz, ob ich auf etwas Wichtiges eingehen muss. Ich rufe auch schnell alle wichtigen Nachrichten ab, um so informiert wie möglich zu sein. Da die Sendung live ausgestrahlt wird und vielleicht die eine oder andere Frage zu aktuellen Vorgängen gestellt wird, sollte ich doch einigermaßen auf dem Laufenden sein.

Vor mir am Schalter steht eine junge Frau im Frottee-Sportanzug. Sie hat kein Gepäck außer einer Designer-Handtasche bei sich. Sie beschwert sich, weil irgendetwas nicht gleich funktioniert, und ich denke mir: Mein Gott, haben die Leute Probleme!

Ich bekomme überraschenderweise einen Business-Sitzplatz zugewiesen. Eigentlich habe ich Economy-Class gebucht, aber dort gibt es keine Plätze mehr. So kommt es, dass ich in der Reihe hinter der jungen Frau sitze. Sie ist wirklich nervig! Bis zur letzten Sekunde, bis das Flugzeug startet, telefoniert sie anscheinend auf Russisch, wechselt dazwischen ins Englische, redet mit den Leuten auf Deutsch und auf Französisch mit ihrem Sitznachbarn, den sie offensichtlich schon auf dem Flug aus Dubai hierher kennengelernt hat. Es sind Gespräche darüber, wo man denn heute in Berlin noch weggeht und dass sie nur schnell shoppen war in Dubai, heute zu Papi nach Hause fliegt und hoffentlich von Papi abgeholt wird. Sie erzählt, dass ihre Mutter aus St. Petersburg kommt und ihr Vater Ölmilliardär ist.

Wie sehne ich mich in meine Welt zurück. Ich bin froh, das Buch von Erich Wimmer dabeizuhaben und mit seiner Hilfe in meine Eremitenstube eintauchen zu können. Es ist wirklich ein Luxus, den ich dort genieße: geborgen, eingebunden in Geschichte und Spiritualität, in Einsamkeit und Ruhe. Nicht diese gefallsüchtige Welt, sondern wunderbare Gedanken, Texte und Visionen von Jesus. Ich muss schmunzeln, als ich mich mit dem Buch von Erich Wimmer so in meine Eremitenstube versetze, dass ich das Fenster und den Holztisch vor mir sehe.

In der Business-Class wird uns auf dem einstündigen Flug sogar ein Abendessen serviert. Meine Mitreisende hat in der Zwischenzeit Champagner getrunken. Sie hatte den Steward schon vor dem Abflug angesprochen, warum es keinen Champagner zur Begrüßung gebe. Ich begnüge mich mit Tomatensaft und bin über die Verpackung des Abendessens entsetzt. Es gibt kleine Häppchen in einem 15 mal 6 cm großen Behälter. Jedes Häppchen, angefangen von Ziegenkäse auf Rucola, Designer-Brot mit virtuosem Käseaufstrich, ist in kleinen Schälchen abgepackt. Wie viel Müll entsteht hier! Da lobe ich mir doch die Tupperboxen, die ich jeden Tag wieder frisch befüllt bekomme. Wir sollten beim Einkaufen überhaupt mehr in Plastikbehälter einfüllen lassen. Ich kann mich noch an meine Kindheit erinnern, als ich mit meiner Mutter einkaufen war und die Wurst beim Metzger in solche Boxen gepackt wurde. Heute ist das angesichts der Hygienevorschiften unvorstellbar. Ich nehme mir vor, noch bewusster einzukaufen und Mehrwegbehälter zum Einsatz zu bringen.

In Berlin angekommen, leiste ich mir den Luxus eines Taxis, da es schon kurz vor Mitternacht ist. Der Taxifahrer unterhält sich mit mir über die schneebedeckten Straßen in Berlin, den strengen Winter und wie schlecht die Berliner bei solch ungewohnten Bedingungen Auto fahren. Außerdem über die vielen Touristen, die jetzt wieder in der Stadt sind, um Silvester zu feiern. Er bringt mich in mein Hotel – in ein absolutes Luxushotel. In meiner »Suite« fühle ich mich überhaupt nicht wohl. Was soll dieser Luxus? So ist es mir schon ergangen, als ich zu *hart aber fair* und anderen Talkshows eingeladen wurde: immer die bestmöglichen Hotels. Ich brauche das doch gar nicht! Mir würde es voll und ganz reichen, in einer netten Pension untergebracht zu werden. Mit wirklichen Menschen als Ansprechpartnern und nicht diesen uniformierten Empfangschefs an allen Ecken und Enden!

Vom Volksbegehren zum Volksentscheid

Nun ist es schon kurz nach Mitternacht und ich weiß, dass ich morgen früh aufstehen muss, aber ich halte diese sterile Hotelatmosphäre gerade überhaupt nicht aus und so mache ich mich noch einmal, warm eingepackt, auf, um ein wenig *Unter den Linden* spazieren zu gehen. Ich war im letzten Jahr oft in Berlin, um an der *re:campaign* – einem Treffen von Kampagnen und Web-2.0-Experten – teilzunehmen und um mir Tipps und Anregungen für das Volksbegehren zu holen, aber auch mehrmals zu Talkshows und um eine Initiative zum Nichtraucherschutz in Berlin zu unterstützen. Bei diesen Kurzaufenthalten habe ich immer versucht, etwas vom geschichtsträchtigen Flair der Stadt einzufangen: auf dem Boulevard *Unter den Linden,* am Brandenburger Tor, am Reichstag entlang. Während ich also an den Bäumen vorbeiflaniere, die noch mit Lichterketten der Weihnachtsbeleuchtung behängt sind, zur Rechten das *ZDF-Hauptstadtstudio* sehe, erinnere ich mich an all die Fragen der Journalisten, als wir am 4. Juli den Volksentscheid gewonnen hatten. Fast immer war die Frage darunter, warum ich das Ganze überhaupt gemacht habe.

Begonnen hat eigentlich alles 2007. Damals gab es noch keinen wirklichen Nichtraucherschutz in Deutschland. Es gab nur eine sehr schwammige Freiwilligenlösung, an der sich aber so gut wie kein Wirtshaus beteiligt hat. Ich empfand schon immer

Zigarettenrauch als sehr unangenehm, vor allem beim Essen oder in Lokalen. Zum einen mochte ich es nicht, dass Haare und Kleidung am späten Abend oder nachts eklig nach diesem Rauch rochen. Zum anderen fand ich es immer besonders unangenehm, den Rauch einzuatmen. Auch nach meinen Kostümtheater-Stadtführungen gab es immer Probleme mit den Kostümen. Ich gehe nämlich mit meinen Gruppen zum Essen und anschließend war es immer sehr aufwendig, die Kostüme von diesem kalten Rauch, der sich in ihnen festgehängt hatte, zu befreien.

Damals nahm ich mit *Pro-Rauchfrei* und der *Nichtraucherschutzinitiative München* Kontakt auf, ließ jedoch alles sehr schnell wieder einschlafen, da die bayerische Staatsregierung ankündigte, das strengste Nichtraucherschutzgesetz in Deutschland zu verabschieden.

Wie kam es dazu? Es war die Zeit, als wir in Bayern einen neuen Ministerpräsidenten hatten. Edmund Stoiber war gerade zurückgetreten. Günter Beckstein und sein Fraktionschef im bayerischen Landtag, Georg Schmid, verabschiedeten das schärfste Nichtraucherschutzgesetz Deutschlands, das am 1. Januar 2008 in Kraft trat. Dieses Gesetz erlaubte eigentlich keine Ausnahmeregelung. Es klappte am Anfang auch wunderbar. Doch findige Szene-Gastronomiebesitzer entdeckten ein Schlupfloch, das der sogenannten geschlossenen Gesellschaft. So richteten sie Raucherclubs ein, in denen man mit einem geringen Jahresbeitrag von einem Euro Mitglied werden konnte. So wurden Kneipen, Bars und Diskotheken regelrecht »zugeraucht«. Bei mir in Passau gab es kein einziges Nichtraucherlokal mehr, um abends »rauchfrei« weggehen zu können. Nach und nach hielt man auch in der Speisegastronomie den Nichtraucherschutz nicht mehr ein. Niemand kontrollierte und die Staatsregierung machte mehr und mehr Zugeständnisse. So war das Rauchen in Festzelten erlaubt, da man befürchtete, dass es beim Oktoberfest auf der Wies'n zu Krawallen kommen könnte. Als die CSU die Landtagswahl im September 2008 verlor und zum ersten Mal nach vierzig Jahren eine Koalition eingehen musste, war der Nichtraucherschutz die willkommene Ausrede, weshalb man die Wahl verloren hatte. Dass es mit Arroganz, den vielen Amigo-Affären und der schlechten Politik zu tun haben könnte, war damit gut zu vertuschen. Und praktisch war es auch noch: Man hatte mit der FDP einen Koalitionspartner, dem man Zugeständnisse gerade bei der »Freiheit« machen musste – wie zum Beispiel beim Nichtraucherschutz. Es dauerte jedoch noch ein halbes Jahr, bis die Pläne konkret wurden.

Das war der Zeitpunkt, an dem ich wieder aktiv wurde. Ich konnte dieses Zugeständnis nicht verstehen. Der Nichtraucherschutz hatte am Anfang doch wunderbar funktioniert. Ich ärgerte mich über Politiker, die ihre Meinung änderten wie das Fähnchen im Wind, rein zu ihrem persönlichen und parteipolitischen Vorteil. Die Rückruderversuche von Horst Seehofer und Fraktionschef Georg Schmid, die vom Paulus zum Saulus wurden, was die Gesundheit der Bevölkerung betrifft, waren phänomenal. Und so wurde es wirklich Zeit, dass das Volk entschied.

Als Erstes fühlte ich in der ÖDP vor. Ich war zu dem Zeitpunkt stellvertretender Geschäftsführer in Bayern geworden und als Beisitzer im Landesvorstand ausgeschieden. Ich schlug vor, zu diesem Thema ein Volksbegehren zu machen. Man zögerte, da Volksbegehren einen enormen Aufwand bedeuten, verbunden mit vielen Kosten. Außerdem waren die letzten zwei Volksbegehren – zur Gesundheitsvorsorge beim Mobilfunk und zum Verbot des Klonens von Menschen – an der Zehn-Prozent-Hürde gescheitert. Das hatte gerade die Aktiven vor Ort viel Energie gekostet.

Wir hielten daher eine Strategie-Tagung mit den aktiven Kreisverbänden über die Frage ab, ob es in Zukunft überhaupt noch Volksbegehren geben sollte, wenn die finanziellen Voraussetzungen nicht gesichert wären. Die Aktiven vor Ort forderten mindestens 500.000 Euro für den Wahlkampf, nur dann dürften in Zukunft Volksbegehren gestartet werden. Dieser Antrag wurde am Parteitag Anfang April 2009 diskutiert, doch die Delegierten entschieden anders und argumentierten wie folgt: Volksbegehren sind ein Mittel, das die ÖDP schon seit vielen Jahren einsetzt, und sollten auch weiterhin gestartet werden können, selbst wenn die Finanzierung nicht gesichert und viel Energie nötig ist. Das ist unser Auftrag: einerseits die politische Willensbildung, nämlich einen Denkprozess anzustoßen, auch wenn wir ein Volksbegehren nicht gewinnen, andererseits aber auch, sozusagen als außerparlamentarische Opposition, Politik zu betreiben, da wir nicht im Parlament vertreten sind. Zwei Wochen später tagte der neu gewählte Landesvorstand. In diesen zwei Wochen hatte ich bei einer Fahrt durch das Donautal die Idee, ob wir es nicht doch noch einmal mit einem Volksbegehren zum Nichtraucherschutz versuchen sollten – mit dem Beschluss des Parteitages im Rücken. Und so schlug ich in dieser konstituierenden Sitzung vor, ein Volksbegehren zum Nichtraucherschutz zu starten. Die Stimmung war zweigeteilt, aber die Bedenkenträger waren doch in der Minderheit. Ich versprach, dass ich die Organisation übernehmen würde, und meinte, dass wir so schnell wie möglich starten sollten.

Der Beschluss stand und wir wollten loslegen. Der Landesvorstand vergewisserte sich in Telefonaten mit den bayerischen Kreisvorsitzenden, ob auch sie hinter der Aktion stünden, während ich in diesen drei Tagen bereits erste Bündnispartner zu gewinnen versuchte. *Pro Rauchfrei* und die *Nichtraucherschutz-Initiative München* waren sehr schnell mit an Bord. Ein Freund der Nichtraucherschutz-Initiative, Professor Dr. Wiebel, sagte zu, dass er mit dem *Arbeitskreis Rauchen und Gesundheit* als Unterstützer vonseiten der Ärzteschaft ebenfalls mit dabei sein würde.

Als taktisches Manöver übernahmen wir 1:1 den Gesetzesentwurf der CSU, strichen nur den Satz, der zur Lücke für die Raucherclubs geführt hatte, nämlich »Gaststätten, soweit diese öffentlich zugänglich sind«.

Mit diesem Gesetzesentwurf in der Tasche druckten wir sofort die Unterschriftenlisten, ohne sie – wie beim Volksbegehren zuvor – zuerst vom Innenministerium überprüfen zu lassen. Wir wollten nämlich ohne Vorwarnung eine Pressekonferenz geben, um mit einem fulminanten Start zu beginnen. Das gelang. Die Pressekonferenz fand am 28. April statt und wir wurden von den Journalisten förmlich überrollt. Innerhalb dieser zehn Tage organisierte ich also zusammen mit der bayerischen Geschäftsstelle der ÖDP die Unterschriftenliste, eine Website, Plakate und den Rückhalt in der Partei. Es war wahrlich nicht viel Vorbereitungszeit, doch die ersten Presseberichte schlugen ziemlich ein. Wir spürten, wir hatten einen Nerv in der Bevölkerung getroffen. Die Anfragen in der Geschäftsstelle und bei unseren Kreisverbänden waren so enorm wie noch nie in unserer Parteigeschichte trotz der vielen, vielen politischen Aktionen.

Wir schickten unseren Gesetzesentwurf mit der Unterschriftenliste sicherheitshalber doch zur Überprüfung an das Innenministerium. Das Innenministerium wandte ein, dass die Liste um einige Millimeter von der Norm abweiche, und empfahl zur Sicherheit neue Listen zu drucken. Das taten wir. Innerhalb von zwei Tagen wurden die alten eingestampft, neue Listen produziert und erneut verschickt. Wir waren zu diesem Zeitpunkt bereits in einer sehr hektischen Phase: Die 25.000 Unterschriften, die zur Zulassung eines Volksbegehrens benötigt werden, sammelten wir nicht, wie üblich, über mehrere Monate, sondern in zwei Wochen. Wir wurden an den Infoständen förmlich überrannt. Teilweise unterschrieben pro Stunde 200 bis 300 Leute.

Dieser enorme Zuspruch gab wirklich allen einen ungeheuren Motivationsschub. Nach vier Wochen hatten wir gut 50.000 Unterschriften beisammen. Jetzt begann das Sortieren, denn die Unterschriften auf einer Liste dürfen jeweils nur aus einer Gemeinde stammen. Schließlich hatten wir über 10.000 Listen, die – nach Gemeinden sortiert – an die betreffenden Kreisverbände und Gemeinden geschickt wurden, auf dass jede einzelne Unterschrift von der dortigen Behörde beglaubigt würde. Die Listen mussten dann zu uns zurückgeschickt und wieder sortiert werden. Nun mussten noch die Adressen derer abgetippt werden, die auf den Listen ein Häkchen gesetzt hatten, um weitere Informationen zu erhalten.

Eingereicht haben wir die Unterschriften zwei Tage nachdem der Landtag im Juli letztendlich beschlossen hatte, dass es ein neues Nichtraucherschutzgesetz geben solle. Dieses Gesetz, das am 1. August 2009 in Kraft trat, enthielt die Regelung, dass das Rauchen in Nebenräumen generell gestattet wird, wobei nicht definiert war, was ein Nebenraum ist. Bei der »getränkegeprägten« Gastronomie unter 75 m² durfte generell wieder geraucht werden. Man kann sich vorstellen, dass bei derart schwammigen Regelungen nichts eingehalten und dass der Nichtraucher nicht mehr geschützt werden würde. Im August und September des Jahres 2009 nutzte ich die Zeit, weitere Bündnispartner zu gewinnen. Die *SPD* und die *Grünen* waren relativ schnell mit an Bord und wir konnten langsam das Aktionsbündnis zu einem großen Team erweitern, aus Ärzten, Apothekern, Naturschutzverbänden wie dem *Bund Naturschutz,* dem *Naturfreundehaus* und dem *Alpenverein.* Auch aus Sportverbänden, das heißt zuerst aus dem *Bayerischen Leichtathletikverband* und später auch vom *Bayerischen Sportverband* erhielten wir Unterstützung. Nichtsdestotrotz war die Zehn-Prozent-Hürde ein Problem: Bei der zweiten Stufe, dem sogenannten Volksbegehren, müssen innerhalb von 14 Tagen auf dem örtlichen Rathaus

10 Prozent der bayerischen Wahlberechtigten, ungefähr 940.000 Personen, unterschreiben. Diese Hürde ist so hoch, dass sogar populäre Volksbegehren, wie die Rücknahme des achtstufigen Gymnasiums G8 oder das Waldvolksbegehren des *Bund Naturschutz*, gescheitert sind. Auch die ÖDP ist – wie schon erwähnt – mit zwei Volksbegehren gescheitert. Das letzte Volksbegehren, das diese Hürde erfolgreich genommen hatte, war das zur Abschaffung des Senats – im Jahr 1998 ebenfalls von der ÖDP durchgeführt.

Diese Phase musste also gut vorbereitet werden, wobei es trotz langfristiger Planung letztendlich doch sehr knapp wurde. Ich würde nicht sagen: Viele Köche verderben den Brei. Aber viele Köche, die auch die wichtigen Geldgeber in dieser Phase waren, also die Initiativen und die Parteien, verzögern zum Beispiel, wenn es um die Gestaltung der Plakate und Flugblätter geht, doch etwas den engen Zeitplan. Und so waren wir mit dem Druck von Werbemitteln viel zu spät dran. Sie hätten drei Wochen früher verschickt werden sollen, als sie gerade erst in Druck gingen.

Die 14-tägige Eintragungszeit, die vom Innenministerium nach Prüfung der Zulassung unserer Unterschriften vom 19. November bis zum 2. Dezember angesetzt wurde, war eine meiner anstrengendsten Phasen im Leben. Die Wochen davor waren schon von höchster Anspannung und Dauerstress geprägt, aber diese 14 Tage toppten alles. Wir starteten mit einem fulminanten ersten Eintragungstag, an dem ich mittags schnell nach München zu einem Interviewtermin für das *Rundschau-Magazin* des *Bayerischen Fernsehens* fahren musste, nachmittags aber eine Liveschaltung für das Magazin *Wir in Bayern* hatte, die im *Alten Bräuhaus* in Passau stattfand, und direkt im Anschluss daran wieder nach München zur *Abendschau* um 21 Uhr fuhr. Es war mein erster Liveauftritt vor richtig großem Publikum, ich war nervös. An diesem Tag erst wurde ich zum Gesicht für das Volksbegehren. Ursprünglich hatten wir in der ÖDP geplant, Klaus Mrasek als »Gesicht« aufzubauen, da er der neue Landesvorsitzende von Bayern als Nachfolger von Bernhard Suttner werden sollte. Nachdem er aber relativ stark eingespannt war, wenig Zeit hatte und ich die Organisation des Volksbegehrens übernommen hatte, nahm ich also diese Termine wahr.

Aber das war nicht der einzige Stress an diesem Tag. Wir hatten überhaupt nicht mit derart zahlreichen Zugriffen auf unsere Website gerechnet. Um den Leuten die Eintragung auf den Rathäusern zu vereinfachen, hatten wir alle bayerischen Gemeinden gebeten, uns ihre unterschiedlichen Öffnungszeiten mitzuteilen. Wir hatten sie nicht nur auf der Website veröffentlicht, sondern auch auf Werbematerial. Leider hatten nur 300 Gemeinden von insgesamt 2.000 mitgemacht. Ferner hatten wir unsere Website dafür zur Verfügung gestellt, dass die Gemeinden die Gesamtzahl ihrer Wahlberechtigten und den Stand der Unterschriften veröffentlichen konnten. Auf diese Weise konnten wir eine Hochrechnung für ganz Bayern anbieten, die wir täglich um 11.30 Uhr veröffentlichen wollten. Die Zugriffszahlen auf die Internetseite lagen im Vorfeld bei circa 200 bis 400 Personen pro Tag, sodass wir während des Volksbegehrens mit vielleicht 3.000 bis 5.000 Zugriffen rechneten. Aber allein am ersten Tag – ohne Hochrechnung! – hatten wir bereits über 10.000 Zugriffe. Unser Server war dafür nicht ausgelegt und brach bereits am Nachmittag zusammen, als die ersten Gemeinden ihre Daten per Formular rückmeldeten. Wir rechneten auch nicht damit, dass sich von den 2.000 bayerischen Gemeinden 1.400 an der Rückmeldung beteiligten. Und so programmierten wir – ich war selbst für einen Teil der Website verantwortlich – in der Nacht noch diverse Neuerungen, um den Ansturm in den kommenden Tagen bewältigen zu können. Aber schon am nächsten Morgen, am zweiten Eintragungstag, überraschte uns die Zugriffszahl erneut: sie lag weit über 20.000, bei fast 30.000

in der Stunde, als wir die erste Hochrechnung veröffentlichten. Diese erste Hochrechnung war tatsächlich ermutigend. Knapp ein Prozent der Bevölkerung hatte sich in die Unterschriftenlisten bayernweit eingetragen. Damit lagen wir weit über unserer Erwartung: Wir hatten gehofft, zwischen 0,5 und 0,7 Prozent erreichen zu können, das waren die Erfahrungswerte basierend auf dem »Senatsvolksbegehren«. Damals gab es jedoch noch die Rückmeldung per Fax und Telefon und es waren längst nicht 1.400 Gemeinden beteiligt.

Und tatsächlich: Es ging fast jeden Tag so weiter. Steigende Zugriffszahlen! Und immer, wenn wir wieder ein Kapazitätsproblem bewältigt hatten, kam ein neues auf uns zu. Am laufenden Band gingen Interviewanfragen ein, sodass ich täglich nach München gependelt bin. In der Nacht hatte ich teilweise noch versucht, Plakate und Material auszufahren, da wir durch die Anfragen total überlastet waren. Wir hatten in der Geschäftsstelle mit 15 Studenten in einem Zwei-Schichten-Betrieb fast täglich 300 bis 500 Bestellungen abgearbeitet und trotzdem nicht alles rechtzeitig geschafft.

Im Vorfeld hatten wir uns eine Strategie, eine Dramaturgie ausgedacht: Wie schaffen wir ein Volksbegehren? Das Wichtigste ist, dass in der Woche nach dem Start konstant Artikel in der Presse erscheinen. Die Presse sollte nicht nur über den Start und das Ende berichten, sondern laufend. Dies ist uns sehr gut gelungen, vor allem durch die Hochrechnung, sodass wir Vergleiche zwischen den Regionen und zwischen den Städten, zum Teil mit Wetten von Aktionskreisen – wer wird am Schluss der Bessere sein? –, ziehen und so auch in der Durchhängephase eine Dramaturgie erzeugen konnten.

Aber viel wichtiger als das Internet waren in dieser Phase die vielen, vielen Ehrenamtlichen, die Rathauslotsen, die Flugblätter und Plakate verteilt, die einen enormen Aufwand betrieben und auch sehr viel privates Geld investiert haben. Ohne diesen knallharten Straßenwahlkampf hätten wir sicherlich das Ziel nicht erreicht. Dazu kam, dass wir bei Facebook bereits 15.000 Fans hatten, die laufend mit neuen Ideen daherkamen und sich gegenseitig pushten. Ich erinnere mich gut, wie in den letzten Tagen, als die Hochrechnungen wahnsinnig knapp wurden, ein ehrenamtlicher Mitarbeiter im Halbstundentakt die aktuellsten Zwischenstände vom Rathaus in München bei Facebook veröffentlichte. Wir hatten das Gefühl: Wir sind eine große Gemeinschaft, hier äußert sich wirklich ein Begehren des Volkes, das nicht von irgendwelchen Politikern initiiert ist, sondern es entstammt dem Engagement von vielen Ehrenamtlichen, denen es wirklich um die Sache geht. Gemeinden, die uns ihre Öffnungszeiten nicht mitgeteilt hatten, wurden auf einmal von nichtorganisierten Bürgern angesprochen, warum sie solche Hürden aufbauten. Auch Gemeinden, die keine Hochrechnungen veröffentlichten, bekamen massiven Druck oder die Leute vor Ort meldeten uns die Zahlen selbst.

So hatten wir letztendlich nicht nur 10 Prozent der Wahlberechtigten in die Rathäuser bekommen, sondern – wir waren selbst überrascht – tatsächlich 13,9 Prozent! Damit waren es 1,3 Millionen Menschen, so viele wie sich noch nie zuvor bei einem Volksbegehren beteiligt hatten. Wohltuend für mich persönlich: Es war überhaupt keine Politikverdrossenheit zu spüren. Die Leute waren interessiert und begeistert dabei und vor allem über alle Parteigrenzen hinweg. Bei Facebook war zum Beispiel folgender Kommentar zu lesen: »Das war jetzt am Schluss spannender, ob wir es schaffen oder nicht, als ein WM-Sieg. Am liebsten würde ich jetzt über die Leopoldstraße in München laufen und einfach nur triumphieren, jubilieren.«

Zu diesem Zeitpunkt ist mir klar geworden, dass wir mehr geschafft haben, als nur das Nichtraucherschutzgesetz zur Abstimmung zu bringen. Es war auch die Erfahrung, dass sich Menschen wieder an Politik beteiligen, dass das Volk eine Möglichkeit hat mitzusprechen, und dass alle motiviert waren, sich auf einen Volksentscheid einzulassen.

Dennoch war meine Motivation erst einmal völlig aufgebraucht. Ich habe ja schon beschrieben, in welches Loch ich gefallen bin und wie langwierig und schwierig es war, daraus herauszukommen. Aus den großen Skeptikern der Anfangsmonate wurden auf einmal Besserwisser. Es war nicht immer einfach, mit diesem Team das nächste Ziel, den Volksentscheid, anzugehen. Vor allem auch, da wir finanziell ausgeblutet waren. Wir hatten alles gegeben, um die Zehn-Prozent-Hürde zu knacken, und hatten keine Reserven für den Volksentscheid angesammelt.

Ich bin bei meinem Spaziergang in Berlin mittlerweile am Reichstag angekommen, der immer noch umzäunt ist und den man wegen der Terrorgefahr nicht direkt betreten darf. Zwei Polizisten mit Maschinengewehren, die Patrouille gehen, wärmen sich gerade an einem Becher Kaffee. Ich weiß noch, wie es im März des vergangenen Jahres 2010 war, als ich zur *re: campaign* nach Berlin gekommen war.

© Die Lichtbox, Passau

Ich wollte mich bei diesem Kampagnentreffen mit anderen austauschen, wie wir es anpacken können, um den Volksentscheid mit einem sehr kleinen Budget doch zum Erfolg zu führen. Ich nutzte damals eine entspannte Minute, um die Kuppel des Reichstages zu besichtigen. Ich erinnere mich, wie ich an den Erklärungstafeln vorbei immer weiter hinaufgeschlendert bin und die Geschichte gelesen habe, wie sich in Deutschland das Volk noch im 19. Jahrhundert für ein eigenständiges Parlament stark gemacht hat, für einen parlamentarischen Weg, wie die Massen gefeiert und gejubelt haben, endlich Politik betreiben zu können. Wie bei den Montagsdemonstrationen durch den lebensgefährlichen Einsatz der DDR-Bürger Geschichte geschrieben wurde. Und wie die Massen ebenfalls da waren, als die Mauer fiel. Es war immer der Wille des Volkes, der etwas bewegt hat. Ich weiß noch, wie mir damals der Gedanke kam: Warum lassen wir nicht viel häufiger das Volk sprechen? Warum mache ich mir jetzt Gedanken, wie ich eine Kampagne entwickeln könnte? Wir könnten sie doch mit dem Volk gemeinsam entwickeln. Und tatsächlich ist es so geschehen. Wir sind mit einer Internetseite gestartet, deren Layout und technische Voraussetzungen tatsächlich sehr bescheiden waren. Im Laufe der Zeit haben wir zusammen mit der Facebook-Gruppe eine richtige interaktive Kampagnenwebsite entwickelt. Ein enormer Zeitaufwand. Allein, die Diskussionen in dieser Gruppe zu moderieren! Aber wichtig war es, alle Leute einzubinden. Auch den Plakat-Slogan und viele Ideen für Werbemittelkampagnen entwickelte die Gruppe und keine teure Werbeagentur. Dieses Gemeinsam-etwas-Entwickeln ist nicht zu unterschätzen, es braucht viel Zeit und Geduld, dies zu moderieren. Die schon erwähnte Sofie Langmeier hat sich damals unendlich für diese Gruppe eingesetzt, die am Schluss auf insgesamt 30.000 Fans angewachsen war. Wir haben immer versucht, sachlich, fair, neutral zu argumentieren, und haben weder Angriffe von Rauchern noch von Nichtrauchern geduldet.

Neben den Unterstützern in Facebook gab es ein Team um einen amerikanischen Studenten, der ein Smartphone-App entwickelte. Damit konnten die ehrenamtlichen Helfer vor Ort rückmelden, wo sie gerade Flugblätter und Plakate verteilten. Da wir einfach kein Geld mehr hatten, versuchten wir auch mit witzigen spontanen Aktionen, wie Miniflashmobs, auf unsere Nichtraucherschutz-Kampagne aufmerksam zu machen.

Im Gegensatz zur Zeit des Volkbegehrens hatten wir jetzt Gegner, die sich für den Erhalt des lockeren Gesetzes engagierten, die Gruppe *Bayern sagt Nein!* und das *Bündnis für Fairness und Toleranz.*

Beim Volksbegehren konnten wir uns auf unsere eigene Kampagne konzentrieren, aber jetzt gab es diese beiden Gegenbündnisse, initiiert von Gastwirten, aber auch eine von der Tabaklobby finanzierte Kampagne, die mit offiziell 615.000 Euro im Vergleich zu unseren geplanten 125.000 Euro über einen wirklich üppigen Werbeetat verfügten. In unserem Organisationsteam haben wir uns teilweise leider darüber gestritten, wer nun die bessere Werbeidee oder die besseren Statistiken herausgegeben hatte, sodass die Telefonkonferenzen für mich eher eine Qual als eine Bereicherung waren. Deshalb bin ich Theresa Schopper von den *Grünen* sehr dankbar, dass sie mich immer wieder motiviert, mir Rückendeckung gegeben hat und mir mit politischem Weitblick zur Seite gestanden hat. Eine wirklich tolle Frau, die, wie ich vermute, bei den *Grünen* auch nicht immer einen leichten Stand hat. Aber wie heißt es so schön: Der Prophet gilt nichts im eigenen Land. Aber sie wäre wirklich eine grandiose, ausgleichende Landesmutter und wird hoffentlich irgendwann einmal Ministerpräsidentin von Bayern. Nur keine Angst, ich werde nicht zu den *Grünen* gehen! Aber wenn die ÖDP bei den ökologischen und anderen Grundsatzfragen im Parteiprogramm weiterhin den *Grünen* sehr nahe ist, würde ich gern mit ihnen eine Koalition eingehen. Vorausgesetzt, wir als ÖDP schaffen endlich einmal den Sprung in den Landtag!

Spannend war in der Vorphase des Volksentscheids, dass ich versucht habe, wirklich jeden TV-Sender, und war er noch so klein und regional, ein Lokalradio oder eine Zeitung vor Ort zu besuchen und überall in Bayern einen Vortrag zu halten. Diese sehr aufwendige Tour, die ich mir mit Theresa Schopper aufgeteilt habe, war für mich nicht nur bereichernd, weil ich für das Volksbegehren aktiv war, sondern auch weil ich Bayern kennenlernen durfte. Wie schön Bayern ist, dieses herrliche Fleckchen Erde! Ob es die Oberpfalz ist, die ich bisher viel zu wenig kannte, die Kirchen und Klöster, die Täler, die einsamen, wie verwunschenen Landstriche oder die liebliche Gegend in Unterfranken – ich kann nur jedem sagen: Wir brauchen definitiv nicht in die Ferne zu schweifen bei unseren Urlaubsreisen, manchmal liegt das Schönste direkt vor unserer Haustür, wo es viel zu entdecken gibt.

Spannend waren auch die vielen Interviewtermine mit dem Gegner *Bayern sagt Nein!* Wir haben uns im Vorfeld mit allen anderen Gruppierungen getroffen und vereinbart, dass wir einen fairen Wahlkampf miteinander führen, dass keiner den anderen angreift oder mit unfairen Zahlen agiert. Leider ist es doch teilweise etwas härter als geplant geworden, aber ich habe immer versucht, sympathisch, nicht als militanter Nichtraucher aufzutreten, der ich schließlich nicht bin. Denn mit dem Rauchen im Freien habe ich kein Problem, solange mir nicht jemand den Rauch ins Gesicht bläst. Es ging immer um die geschlossenen Räume, ohne Ausweichmöglichkeiten, wo das Passivrauchen nachweislich gesundheitsschädlich ist. Bei den Interviewterminen war Franz Bergmüller vom Bündnis *Bayern sagt Nein!* sehr schnell sehr empört, als ich erwähnte, dass es auch um schwangere Bedienungen geht und um Kinder in Volksfestzelten. Als ich das Wort »Tabaklobby« ausgesprochen habe, ist

er explodiert. Ich freute mich daher meist auf die Interviewtermine; es war immer wieder eine Herausforderung, ruhig zu
bleiben und sachlich dagegen zu argumentieren. Doch niemand
von uns wusste natürlich, wie der 4. Juli ausgehen würde. Hochrechnungen gab es nämlich keine. Es war mitten während der
Fußball-WM und wir hatten ein bisschen Angst, dass die Par-
tystimmung, die gezielte Werbung von *Bayern sagt Nein!* bei
Partygängern und eher jungem Publikum vielleicht doch Erfolg
haben könnte. So waren wir alle gespannt auf den Wahlaus-
gang, dem wir in München gemeinsam entgegenfieberten. Dass
die ersten Hochrechnungen bei 60 Prozent lagen, hatten wir
nicht erwartet, und es ging konstant so weiter. Nirgends in Bayern gab es einen Wert unter 50 Prozent. Letztendlich haben wir
bei einer Wahlbeteiligung von zwar nur 37,7 Prozent, aber mit
einer deutlichen Mehrheit von 61 Prozent den Volksentscheid
für uns entschieden und am 1. August 2010 trat unser konse-
quentes Gesetz für Nichtraucherschutz in Kraft.

Auf einmal war ich ein gefragter Mann. Und ich hatte gehofft, dass es nach dem Volksentscheid ruhiger würde! Ich
wollte mich erholen und zurückziehen und vor allem meiner
Tätigkeit als Fremdenführer wieder nachgehen. Aber ich wurde
eines anderen belehrt. Fast täglich musste ich zu drei, vier Interviewterminen. Das zog sich bis September, ja weit in den Oktober hinein.

Womit ich aber überhaupt nicht gerechnet hatte, waren die
vielen, vielen Anfeindungen. Es gab nach dem Volksbegehren
schon Beschimpfung, Vergleiche mit dem Nationalsozialismus
oder die eine und andere Morddrohung. Aber was ich nach dem
1. August erlebte, als unser Gesetz in Kraft trat, toppte alles bisher Dagewesene. Mittlerweile sind es mehrere Tausend Beschimpfungen per E-Mail, Schmähungen in Facebook, vor allem viele
postalische Briefe, in denen ich aufs Übelste beschimpft wurde.
Ich kann damit ganz gut umgehen, wenn ich selbst einen Filter

einsetze und versuche zu verstehen, warum Leute ihren Frust so an mir auslassen müssen. Ich nehme also Kritik sehr wohl ernst und setze Lehren daraus auch um, aber ich glaube nicht, dass wir bei der Organisation des Volksbegehrens etwas hätten anders machen können. Wir haben nicht provoziert und haben auch keinen Keil zwischen Raucher und Nichtraucher getrieben, sondern immer betont: Es geht um Gesundheitsschutz. Und ganz wichtig: Es ist ein demokratisches Instrument, Bürgerinnen und Bürger entscheiden zu lassen. Aber merkwürdigerweise wird mir genau das vorgeworfen. Ich sei einer der übelsten Politiker, ein Diktator, der den Menschen den Nichtraucherschutz aufgezwungen habe. Ich wurde ganz oft mit Hitler verglichen, bekam auch entsprechende Bilder und Briefe. In einem wurde das KZ Ausschwitz gezeigt mit dem Schriftzug »Rauchen macht frei« über dem Eingangstor. Auf einem anderen Bild befanden sich Judensterne, die zu Rauchersternen umgewidmet waren. So etwas leite ich sofort an meinen Rechtsanwalt und die Staatsanwaltschaft weiter, denn das ist unter jeglichem Niveau.

Von den Stalking-Anrufen und Stalking-Bestellungen war schon die Rede. Man bestellte auf meinen Namen Sexprodukte, einen Treppenlift, sämtliche Tageszeitungen aus dem deutschsprachigen Raum, Alkoholika und anderes – das hat, wie bereits erwähnt, Spuren hinterlassen. Hätte ich gewusst, dass die Belästigungen solche Ausmaße annehmen, wäre ich sicherlich nicht am 1. August nach Waldkirchen im Bayerischen Wald zum Volksfest gefahren, um mit einem befreundeten Journalisten anzuschauen, wie denn der Nichtraucherschutz am ersten Tag auch in einem Festzelt funktioniert. Funktioniert hat er hervorragend. Es wurde im Zelt nicht geraucht, die Raucher hielten sich vor dem Zelt auf. Was nicht funktionierte, war, wie man mit mir umging. Ich betrat dieses Zelt ohne zu provozieren und setzte mich hin, um mit dem Reporter ein kurzes Interview zu führen. Der Wirt wollte mich nicht bedienen und verwies mich des Zeltes, Bedienungen kamen sehr aufgebracht mit Besenstielen auf mich zu. Als man mich sozusagen vor die Tür gesetzt hatte, war die Stimmung so gefährlich, dass ich sofort mit meinem Auto wegfuhr, weil mir sonst sicher noch etwas geschehen wäre. Ich konnte es nicht glauben! Es war eine Volksabstimmung, ein Riesenbündnis u.a. aus Ärzten, Parteien, Sportverbänden, es war nicht *ich,* der den Leuten etwas »aufgezwungen« hat. Aber alle Ablehnung fokussierte sich auf meine Person. Ich habe eine Woche später mit einem Journalisten vom *Spiegel,* der nicht glauben konnte, dass die Reaktion wirklich so heftig war, ein Volksfest bei Deggendorf besucht. Als ich nur über den Festplatz ging, wurde ich tätlich angegriffen, sodass der Sicherheitsdienst eingreifen musste. Was war es, das die Menschen so provoziert hat? War es das Kamerateam, das mich begleitete? Aber auch, wenn weder Journalisten noch Kameraleute dabei waren, reizte mein Erscheinen. Ich denke an den Besuch der Passauer Herbstdult als Stadtrat, als ich Polizeischutz benötigte, über den Seiteneingang hineingeführt wurde und ständig zwei Bewacher hatte, die aufpassten, dass keiner mich zusammenschlug. Dort konnte ich nicht vom Tisch aufstehen, ohne dass alle im Zelt zu pfeifen anfingen. Es war nur ein Pflichttermin zum feierlichen Bieranstich, aber mir wurde klar, dass das Thema »Nichtraucherschutz« mehr Emotionen hervorrief, als ich jemals gedacht hatte. Aber auch dies wäre noch zu verkraften gewesen, wenn mich nicht auch noch Parteikollegen angegriffen hätten: Wie ich ein Volksfest besuchen könne, ich solle mich doch zurückziehen und ruhig verhalten und nicht noch weiter provozieren. Aber wissen sie, wie man sich fühlt, wenn man sich gemäß dem urdemokratischen Recht frei bewegen will und das auf einmal nicht mehr kann?

Aber trotzdem: Es freut mich ungemein, dass seit dem Volksentscheid kaum eine Woche vergeht, in der ich nicht freundlich auf das erfolgreiche Bürgerbegehren angesprochen werde. Es schlägt mir eine Welle der Dankbarkeit entgegen. Ich höre, wie begeistert die Menschen sind, dass ich diese wichtige Sache, die längst überfällig war, in Angriff genommen und durchgestanden habe, und sie diese ungesunde, krankmachende Raucherluft nicht mehr länger einatmen müssen. Es sind keineswegs nur Bekannte von mir und meiner Familie, sondern Menschen, die alles in den Medien verfolgt haben und über die verletzenden Angriffe gegen mich zutiefst empört sind. Es sind natürlich Ärzte und Krankenschwestern und – was mir besonders gut tut – Wirte dabei. Viele E-Mails, Leserbriefe und Artikel in der Presse, deutschlandweit, haben mir gezeigt, wie die Mehrheit der Bevölkerung hinter meinem politischen Einsatz und auch hinter meiner Person steht. Diese Dankbarkeit und Begeisterung gibt mir Bestätigung und hat mich vor allem in schwierigen Zeiten, als man mich niedermachen wollte, wieder aufgebaut.

Natürlich machte mich das Medienecho auf die Beschimpfungen und Bedrohungen hin immer bekannter und nicht zuletzt war das mit ausschlaggebend, dass ich in meiner Partei nicht nur wegen der organisatorischen Fähigkeiten, die ich beim Volksbegehren gezeigt hatte, sondern auch wegen meines Bekanntheitsgrades zum Bundesvorsitzenden gewählt wurde.

Ein krönender Abschluss dieser eineinhalb Jahre für Volksbegehren und Volksentscheid war für mich die Nominierung für den Politik-Award im gesellschaftlichen Bereich durch den Verlag *Public Affairs*. Es war Ende November, als ich mit Sofie Langmeier nach Berlin eingeladen wurde als einer von drei für diesen Bereich Nominierten. Die Veranstaltung fand im Tipi, im Pressezelt beim Bundeskanzleramt statt. Es wäre wirklich schön gewesen, diesen Preis zu erhalten, und wir waren sehr positiv gestimmt nach Berlin gefahren. Aber dann saßen wir im Zelt und sahen die großen Parteien, die mit ihren Kampagnen für andere politische Bereiche nominiert waren und dazu die Werbeagenturen mit perfekt gestellten Präsentationen, die auf Marketing-Analysen beruhten. Es war eine Bussi-Bussi-Atmosphäre mit dem Ziel, neue Kontakte zu knüpfen, wo man mit einem gewissen Ego ausgestattet war und es nur um Geltung und Sehen und Gesehenwerden ging. Da beteten wir förmlich während der Veranstaltung, diesen Preis nicht zu erhalten, da wir uns in dieser Gesellschaft ziemlich verloren vorkamen. Zum Glück haben wir diesen Preis dann auch nicht errungen. Einer aus der Jury sagte uns dann: »Eigentlich hättet ihr ihn verdient, wir haben lang gestritten, letztendlich hat das Thema ›Nichtraucherschutz‹ die Jury polarisiert, aber nicht wie ihr die Kampagne gestaltet habt.«

Wir wurden danach vom Shuttle-Servicedienst ins Hotel gefahren. Doch uns beiden war diese Atmosphäre viel zu steif und wir baten den Chauffeur, uns irgendwohin zu fahren, wo es einfach nur eine richtige Berliner Currywurst gibt. Er fuhr uns daraufhin zum Bahnhof Friedrichstraße, wo es angeblich Berlins beste Currywurst mit einer sehr scharfen selbst gemachten Currysoße gibt. Und wirklich, die schmeckte uns ausgezeichnet.

Und jetzt laufe ich gerade wieder dorthin. Als ich meine mitternächtliche Currywurst genieße, erinnere ich mich wieder, wie es mir auch stimmungsmäßig bei der Verleihung des Politik-Awards ergangen ist. Ich habe mir damals gedacht: »Wenn das die große Politik ist – weil viele Bundestagsabgeordnete anwesend waren, auch Minister Rösler einen Preis übergeben hat, Sigmar Gabriel gesprochen hat –, ganz ehrlich, da möchte ich doch lieber außerparlamentarisch, aber mit den normalen Bürgern etwas bewegen. Mit dem wohlig brennend scharfen Gefühl der verspeisten Currywurst im Bauch gehe ich zurück über die Friedrichstraße in mein Hotel und lese noch ein paar Zeilen aus Erich Wimmers Buch, um mich wieder in meine Eremitenstube zurückzuversetzen. Dann schlafe ich seelenruhig ein.

DONNERSTAG, 30. DEZEMBER

Weshalb direkte Demokratie?

Sieben Uhr morgens. Ich wache in diesem Luxushotel lange nicht so entspannt und ausgeschlafen wie in meiner Eremitenstube auf. Es liegt vor allem daran, dass die Betten in Hotels mit unangenehm gestärkten, weißen Leinentüchern überzogen sind. Als ich als ÖDPler oder als Nichtraucherschutzorganisator herumgereist bin und privat übernachtet habe, durfte ich meistens in Gästezimmern mit kuschliger Bettwäsche schlafen. Aber auf was ich mich jetzt freue, ist eine richtige Dusche. Allerdings hätte mir eine einfache Dusche gereicht. Sie hätte nicht *halb aus Marmor* sein müssen und mit so vielen Knöpfen fürs Radio in der Duschkabine. Wer braucht schon so was im Hotel! Weniger wäre mehr. Wenn es hier doch statt dieses Luxus mehr Herzlichkeit gäbe. Wenn nicht überall die gleichen gestylten Menschen herumlaufen würden. Den Frühstücksraum erreiche ich über einen imposanten Treppenaufgang im ersten Stock. Schon früh am Morgen stimmt hier ein Klavierspieler die Gäste ein. Im Treppenhaus ist alles festlich geschmückt, überall hängen Plakate mit Hinweisen auf den Silvesterball und die große Silvestergala mit Opernsängern. Wie gut, dass ich diesem ganzen Pomp entgehe und für mich hoffentlich ein ruhiges Plätzchen finde. Ich weiß noch gar nicht, was ich an Silvester machen werde, aber ich lasse mich überraschen. Das üppige Frühstück und die aufmerksamen Kellner lassen nichts zu wünschen übrig und doch: ich wünsche mir einfach nur ein Brot mit Marillenmarmelade und den Tee, den ich mir selbst kochen kann.

Vom Hotel aus sind es nur einige wenige Schritte über die Friedrichstraße zum *ZDF-Hauptstadtstudio*. Dort werde ich freundlich empfangen und vorbei am Innenhof, wo das Frühstückscafé aufgebaut ist und ein Pianist und ein Sänger bereits für den späteren Auftritt proben, in den ersten Stock geführt. So warte ich nun im Gästeraum bei Häppchen und kleinen Getränken, bis ich in die Maske kann. Dort treffe ich auf die Visagistin, die ich bereits beim Talk mit Michel Friedmann kennengelernt habe. Sie ist Springerin und arbeitet mal hier und mal dort. Wir unterhalten uns und ihr gefällt, dass ich einen so wunderschönen bayerischen Dialekt habe. Sie macht häufig Urlaub in München. Vor allem mein rollendes R gefällt ihr.

Ach ja, Michel Friedmann, das war schon eine witzige Sendung. Ich muss sagen, er ist hinter den Kulissen genauso »sympathisch«, wie er in der Sendung auf seine Gäste wirkt. Hier beim ZDF hingegen kann man sich nur wohlfühlen, alle kümmern sich um einen und kurz vor Sendebeginn drückt man mir eine *Morgenmagazin*-Tasse in die Hand und schon gehen wir am *Momo-Café* vorbei ins Studio. Gleich zu Beginn der Sendung erfahre ich, dass sich Heiner Geißler etwas verspäten wird, und so unterhalte ich mich mit der Moderatorin Dunja Hayali. Wir verstehen uns bestens und haben viel Spaß. Nach der Sendung bin ich ganz zufrieden, nur eine meiner Antworten kommt mir komisch vor. Ich überlege nach Auftritten immer genau: Was hätte ich besser machen können? Verbessern kann man sich nämlich immer.

Nach der Sendung werde ich gleich in die Maske zum Abschminken geführt, weil ich zum Flughafen muss. Wer übrigens glaubt, dass man bei solchen Auftritten etwas verdient, denkt falsch. Ich weiß, dass mittlerweile an Stammtischen darüber spekuliert wird, ob ich wegen meiner TV-Auftritte schon Millionär bin. Aber ich habe jeweils nur die Fahrt- und Übernachtungskosten ersetzt bekommen.

Expertenwissen von allen

Auf der Taxifahrt zurück zum Flughafen unterhalte ich mich mit dem Chauffeur. Er beklagt sich im Zusammenhang mit Hartz IV darüber, wie ungerecht Politiker doch seien. Ich kontere, dass wir einfach das Volk mehr abstimmen lassen sollten. Er glaubt das aber nicht so recht, denn dann würde schließlich niemand mehr Steuern bezahlen und die Bevölkerung sei doch sowieso viel zu dumm – seiner Ansicht nach. Hier muss ich ihm heftig widersprechen. Ich glaube nämlich an die Intelligenz der Bürgerinnen und Bürger. Was das sei, will er wissen, und ich nenne ihm ein Beispiel:»Ein englischer Wissenschaftler namens Sir Francis Galton hat im Jahr 1906 auf einem Jahrmarkt folgenden Versuch unternommen: Er veranstaltete einen ›Ochsen-Gewicht-Schätz-Wettbewerb‹. Galton wollte beweisen, wie dumm die ›Masse‹ ist. Der Mittelwert aller Schätzungen wich jedoch um nur 0,8 Prozent vom tatsächlichen Gewicht ab. Sein Versuch war somit gescheitert. Und nicht nur das: Er hatte auch einige Experten befragt, doch die Schätzungen der Jahrmarktsbesucher waren viel exakter.«

»Ja«, meint der Taxifahrer, »das ist ein sehr nettes Beispiel, aber bei komplexen Themen, wie beispielsweise den Steuern, funktioniert das nicht.«

Ich halte dagegen und versuche es mit einem anderen Beispiel:

»Kennen Sie *Wer wird Millionär?* mit Günther Jauch? Welcher, glauben Sie, ist der erfolgreichste Joker, egal ob bei einfachen oder schwierigen Fragen?«

Er meint sofort: »Der Telefonjoker«.

Im Gespräch erkläre ich ihm Folgendes: »Der 50:50 Joker ist es nicht. Da gibt es eine Trefferquote von genau 50 Prozent. Der Telefonjoker mit 30 Prozent ist es auch nicht. Dagegen hat der Publikumsjoker eine Trefferquote, egal ob bei einfachen oder schwierigen Fragen, von über 80 Prozent. Wichtig ist natürlich, dass der Kandidat nicht vor der Befragung darüber gesprochen hat, dass Antwort A wahrscheinlich richtig, er sich aber noch nicht ganz sicher ist. Dann ist das Publikum beeinflusst. Auch darf Günther Jauch die Augenbrauen nicht hochziehen.«

Dezentrales Wissen ist es also, was die Politik braucht, und das Volk hat dieses Wissen tatsächlich, nämlich durch unterschiedliche Ausbildung, unterschiedliche Berufe, durch den Zugang zum Internet und mithilfe der freien Presse.

Sehen wir uns in diesem Zusammenhang das Schweizer Rentenmodell an: Dieses Modell wurde komplett vom Volk entwickelt. Laut *Bertelsmann Stiftung* ist dieses Rentenmodell eines der stabilsten der Welt, jedoch mit ausgesprochen niedrigen Beiträgen. Das Volk hat hier – zur Überraschung vieler – langfristig entschieden und gar nicht kurzfristig-egoistisch. Diese Tatsache erstaunt mich nicht. Nur Politiker entscheiden von Wahl zu Wahl, wenn überhaupt. Oft werden ja Gesetze nur noch beschlossen, wenn gerade nirgends eine Landtagswahl bevorsteht und zeitgleich eine Fußballweltmeisterschaft stattfindet.

»Haben Sie eigentlich die Schlichtung um ›Stuttgart 21‹ verfolgt?«, frage ich den Taxifahrer, als wir gerade die Spree überqueren. »Ich komme nämlich gerade von einem Termin mit Heiner Geißler, der die Schlichtung geleitet hat.« »Ja, den habe ich auch schon mal gefahren«, sagt mein Taxler. Es war schon interessant, aber eigentlich ist ihm Stuttgart zu weit weg, auch wenn es natürlich um viele Steuergelder geht. »Von welcher Partei sind Sie eigentlich«, fragt er mich plötzlich. »Ich bin Bundesvorsitzender der ÖDP, der Ökologisch-Demokratischen Partei.«

Er kennt uns nicht, weil wir eher in Bayern und Baden-Württemberg überregional aktiv sind. Ich erkläre ihm kurz, dass wir zwar nicht in Parlamenten vertreten sind, aber immer wieder durch Bürgerbeteiligung einiges erreicht haben, beispielsweise die Auflösung des bayerischen Senats, einer zweiten Ständekammer, wodurch wir jährlich fünf Millionen Euro Steuergelder eingespart haben, oder dass wir fünf weitere AKW-Standorte in Bayern verhindert und nicht zuletzt den Nichtraucherschutz eingeführt haben.

Der Taxifahrer will wissen, was uns von den anderen Parteien unterscheidet und welches unsere Forderungen an die Politik sind. Ich erkläre ihm, dass wir keine Spenden von Firmen und Unternehmen annehmen, weil wir unabhängige Politik machen wollen. Das findet er sehr gut und betont, dass doch viel zu viele Politiker gekauft sind.

Bevor ich anfange, ihm einen langen Vortrag zu halten, lehne ich mich zurück und halte mir den Vortrag zur Übung selbst. Die ÖDP ist eine Mischung zwischen den *Grünen* und der CDU/CSU. Wir vertreten ein wertkonservatives Familienbild, verknüpft mit ökologischer Umwelt- und Wirtschaftspolitik.

Ich bin erst im Herbst 2010 als Bundesvorsitzender gewählt worden und möchte die Partei einerseits organisatorisch für das Web-2.0-Zeitalter fitmachen, andererseits das inhaltlich hervorragende Grundsatzprogramm interessant und vor allem attraktiv umgestalten. Die Grundlage dieses neu gestalteten Parteiprogramms, aber auch schon meines jetzigen politischen Handelns sollte eine Ethik sein, eine Philosophie, die die Menschen als ganzheitliche Wesen betrachtet und sie vor allem in einer ganzheitlichen Welt sieht. Der Mensch ist keine Arbeitsmaschine und kein Arbeitssklave. Der Mensch, wie er von Gott geschaffen ist, ist Teil der Einheit aller Menschen auf der ganzen Erde. Dieser globale Anspruch ist verknüpft mit dem Anspruch, in die Zukunft zu blicken. Nicht nur die gegenwärtig lebenden Generationen haben diesen Auftrag, sondern auch die nachfolgenden. Es gilt, eine lebenswerte Umwelt und ein liebenswertes Miteinander zu hinterlassen.

Dies ist meines Erachtens die Grundlage unserer Gesellschaft, unserer Politik und auch Ausdruck meines christlichen Glaubens. Diese Ethik sollte Grundlage für alle politischen Forderungen und Handlungsweisen sein. Die nachfolgenden Generationen und die ganze Menschheit müssen dabei berücksichtigt werden. Dieses Dach meiner politischen Vision wird getragen von drei Säulen.

Bildung braucht Zeit

Als Erstes die Säule der Postwachstumsökonomie. Oder, wie es Bernhard Suttner, der langjährige Landesvorsitzende der bayerischen ÖDP, einfach und treffend formuliert hat: Raus aus dem Hamsterrad! Raus aus einer Welt, die immer mehr Wachstum anstrebt, in der der Mensch nur noch als dauerleistungsbereite Arbeitsmaschine gesehen wird, einer Welt, die nur profitorientiert und an materialistischem Machtstreben interessiert ist. Das ist es, was Jesus in seinen Gleichnissen kritisiert hat. Zum Menschsein, zum Begreifen des Menschseins, zum Glücklichwerden gehört mehr als nur Geld, Ansehen und Arbeit. Zu dieser ersten Säule zählen nicht nur wirtschaftliche Aspekte, dass das Wachstum begrenzt ist, dass wir in einer Natur nicht alles maximieren können, dass es Lebenszyklen gibt, dass Früchte nicht unermesslich gezüchtet werden können. Es gehört auch das Ethische dazu, dass es Zeit zum Reifen, Zeit für die menschliche Entwicklung, Zeit für zwischenmenschliche Beziehungen braucht. Das gehört zu Wohlstand und Glücklichsein – ohne permanente Wachstumsmaximierung.

Wir müssen von unserem Wohlstand natürlich etwas abgeben, wir können beispielsweise keine weiten Urlaubsreisen mehr unternehmen, weil unser Planet die Energie- und Rohstoffverschwendung nicht mitmacht. Wenn wir an die gesamte Gesellschaft und an die zukünftigen Generationen denken, dann gibt es vielleicht keinen passenderen Wahlslogan als den der ÖDP: Weniger ist mehr! Oder wie es Professor Ernst Ulrich von Weizsäcker, der mit dem Deutschen Umweltpreis ausgezeichnet wurde und weltweit Vorträge zu Klima und Umwelt hält, in seinem Buch *Faktor Fünf* beschreibt, wenn er von der Genügsamkeit spricht. Doch es ist kein Minimieren des für uns vielleicht momentan wichtigen und einseitig betrachteten Wohlstandes. Nein, es ist eine Erfüllung auf einer anderen Ebene, auf einer geistigen, spirituellen und tatsächlich urmenschlichen Ebene. Dies wird uns jedoch einiges abverlangen: ein Weniger an Arbeit, ein Weniger an Verdienst, ein Weniger an CO_2-Ausstoß im eigenen Umfeld, ein Weniger an Energieverschwendung, ein Weniger an Konsum. Aber dafür ein Mehr, ja ein Reichtum an anderen Gütern.

Diese Philosophie ist nicht neu. Wir finden sie in anderen Worten in der Bergpredigt Jesu. Und – noch älter – in den Zehn Geboten des Alten Testaments.

Der schon erwähnte Bernhard Suttner hat die *Zehn Gebote* für unsere Zeit interpretiert. Ich möchte aus seiner Interpretation zum siebten Gebot »Du sollst nicht stehlen« zitieren:

»Was allerdings kaum gelernt wird, ist die Einsicht, dass es neben dem privaten Eigentum auch das kollektive, allgemeine Eigentum gibt, das der gesamten Menschheit ›gehört‹ ... Erlaubt ist im Grunde nur jenes Verhalten, das auf Dauer von allen Menschen weltweit ohne Schaden für die Stabilität des Lebenssystems praktiziert werden kann. Letztlich stellt diese Forderung nichts anderes dar als eine Abwandlung des kategorischen Imperativs bei Imma-

nuel Kant, wonach wir uns stets fragen sollten, ob sich die eigene Handlung als Modell für alle anderen Menschen eignet.«

So kommen wir zur zweiten Säule, zur Säule der sozialen Gerechtigkeit. Wir leben in der westlichen Welt in einer Gesellschaft, die eigentlich imperialistisch auftritt wie das damalige römische Weltreich, das das Volk Israel und viele andere Nationen unterdrückt und ausgebeutet hat, um sich seine Macht, seinen Wohlstand und Konsum zu erhalten.

Ohne Unterdrückung der Menschen, ohne Ausbeutung selbst von Kindern in den Dritte-Welt-Ländern, ohne Ausbeutung von Rohstoffen würde unser System sofort zusammenbrechen. Umso dringender brauchen wir eine soziale, genauer gesagt eine ökosoziale Marktwirtschaft weltweit, wie es der *Global Marshallplan* fordert. Hier wird die Menschheit als Einheit gedacht und werden die sozialen Mindeststandards wie in den Millenniumszielen – Halbierung der Kinderarbeit, Halbierung der Anzahl der Menschen ohne Bildung usw. – bereits seit mehreren Jahren gefordert. Aber noch immer ist dies nicht umgesetzt. Das erfordert natürlich faire Preise und faire Produkte weltweit, aber auch eine Wertschätzung nicht entlohnter Arbeit, die als ein wichtiger Beitrag in der Gesellschaft geleistet wird, ohne die diese nicht funktioniert. Die Eltern legen in der Erziehung den Grundstock für das spätere Leben des Kindes. Für Kinder und Jugendliche ist es wichtig, eine gute Betreuung zu haben. Gerade im Kleinkindalter, in den ersten drei Jahren. Hier sind Kinderkrippen heutigen Zuschnitts keine Alternative. Namhafte Institute wie die *Bertelsmann Stiftung* fordern einen Betreuungsschlüssel von 1:3, also auf eine Betreuerin, einen Betreuer kommen maximal drei Kinder. Das wäre das A und O!

---

* Bernhard G. Suttner, *Die 10 Gebote. Eine Ethik für den Alltag im 21. Jahrhundert,* Mankau Verlag, Murnau ²2009, S. 51

Volksentscheid 4. Juli

JA!

zum Nichtraucherschutz

Die Realität ist 1:9 oder gar 1:11, wenn nicht noch schlechter. Da erfahren Kinder nicht, dass sie in den Arm genommen werden, wenn sie traurig sind, und dass jemand mitlacht, wenn sie glücklich sind. Da werden sie zu emotionsarmen, nur funktionierenden Menschen erzogen. Nein, es geht darum, die Elternarbeit, die zu Hause hervorragend geleistet werden kann, wertzuschätzen. Es muss Eltern die Wahlfreiheit gelassen werden, wie sie die Betreuung ihrer Kinder handhaben möchten. Darum fordern wir ein Erziehungsgehalt von 1000 Euro pro Kind für die ersten drei Jahre, aber voll sozialversicherungspflichtig, sodass der Anspruch auf die Rente gewahrt wird. Es muss gesichert werden, dass mit dem Elterngeld nicht reiche Familien mit wenigen Kindern bevorzugt werden, sondern soziale Gerechtigkeit für alle erzeugt wird.

Aber das genügt nicht. Wir brauchen ebenfalls soziale Gerechtigkeit für die Menschen, die immer älter werden, die langsam aus dem System herausfallen. Wir brauchen ein Rentensystem und vor allem ein Pflegesystem, die das Miteinander in den Vordergrund rücken, eine Urform der Gesellschaft, das Auffangen der sozial Schwächeren, das Wahrnehmen von Problemen. Das können wir bestens aus den jesuanischen Gleichnissen lernen. Es ist nicht einfach, manchmal ist es wie im Gleichnis vom barmherzigen Samariter: Diesem einen gelingt es, und zwar dem, von dem wir es gar nicht erwarten.

Dieses wunderbare Gebot der Nächstenliebe, der Menschlichkeit, des Miteinanders steht neben der Säule für soziale Gerechtigkeit als dritte Säule, als Säule unseres Zusammenlebens, als Säule der Demokratie. Die Demokratie regelt unser Miteinander. Ein wichtiger Bestandteil dieser Säule der Demokratie ist die Ergänzung der repräsentativen Demokratie um die direkte Demokratie und damit durch mehr Bürgerbeteiligung auf allen Ebenen.

Alle Menschen müssen stärker in die Willensbildung und Entscheidungsprozesse einbezogen werden. Man muss ihnen mehr vertrauen und mehr zutrauen.

Die »Heuschrecken«, diese imperialistischen Vorstellungen der Lobbyisten, müssen zurückgedrängt werden durch ein Verbot von Konzernspenden an Parteien. Anders ausgedrückt: Es muss die Unabhängigkeit der politischen Entscheidungsträger in wirtschaftlichen Belangen gewährleistet sein. Wir als ÖDP lehnen als einzige Partei Firmenspenden ab.

Diese drei Säulen stellen die Grundpfeiler des Parteiprogramms dar. Sie gehören aber auch zu den momentan wichtigsten Aufgaben, denen wir uns in unserer Gesellschaft zu stellen haben. Und wenn ich gefragt werde: »Wie verändert man mit diesem idealistischen Ansatz die Welt?«, dann sage ich: Die Grundlage, der Grundbaustein dieser Veränderung kann nur die Bildung sein, kann nur ein Ansetzen an der Basis sein, nämlich dann, wenn wir Schülerinnen und Schüler, Jugendliche und Studenten zu reflektierenden Menschen erziehen. Nicht zu Arbeitsmaschinen, wie wir sie momentan durch eine verkürzte Zeit im Gymnasium, durch das G8 haben, wo es nur noch um Leistung und Noten geht, durch das Bachelor- und Mastersystem, das keine Zeit mehr lässt für individuelle Entwicklung, in der man herausfinden kann und soll »Wer bin ich eigentlich?«. Ein Sich-Ausprobieren, das Erlernen von sozialen Schlüsselqualifikationen, von Kompetenzen des Miteinanders, aber auch ein Sich-Zeit-Lassen, Behütet-Werden, Aufgefangen-Sein ist nicht möglich. Der Leistungsdruck, möglichst zu bestehen, oder besser gesagt, nicht unterzugehen in diesem Hamsterrad, ist immens. Nein, wir brauchen ein ganz anderes Bildungssystem. In anderen Ländern, in Finnland, überhaupt in Skandinavien, wird dies bereits hervorragend praktiziert. Aber es wäre vielleicht einfacher, so wie es die bayerische ÖDP fordert, eine zweite Kraft in den Klassen einzusetzen, in der Grundschule vor allem. Es wäre notwendig, Lehramtsstudenten innerhalb eines dualen Ausbildungssystems frühzeitig in der Schule einzusetzen, um damit durch zwei Kräfte eine individuelle Betreuung und Förderung von Hochbegabten genauso wie von Lernschwachen zu ermöglichen. Und bei alldem ist es von größter Bedeutung, dass wieder menschliche Nähe erlebt wird. Dadurch haben wir am Ende einen reflektierenden jungen Menschen vor uns, einen selbstbewussten Menschen, der sich kennt, der sich seiner Identität sicher ist. Dieser Mensch erst ist fähig nachzudenken über neue Wege, über einen Ausstieg aus der Wachstumsgesellschaft, aus dem Immer-Mehr. Er kann über ein friedliches Miteinander nachdenken, er braucht keine Angst vor dem anderen zu haben, weil er sich seiner Identität sicher ist und so dem anderen ohne Scheuklappen begegnen kann. Auf diesem Gerüst, diesem Haus der Politik aufbauend, finden sich alle weiteren Einzelforderungen, beispielsweise eine Ökosteuerreform, um Energie zu besteuern, dafür die Lohnnebenkosten auszugleichen, und einiges mehr.

Von diesen drei Säulen und dem ethischen Grundsatz lassen sich die Forderungen zu allen Themen ableiten, von der Außenpolitik bis zum Tierschutz.

Die drei Säulen sind zugegebenermaßen ein neuer Ansatz, ein Parteiprogramm zu formulieren. Aber es ist Zeit, wie damals bei Jesus, der aufgezeigt hat, wie der Weg sein soll. Es ist Zeit für uns zu fragen und zu überlegen: Worin besteht unsere Hoffnung? Wo wollen wir hin? Was sind die Grundlagen? Die entsprechenden Antworten müssen wir mit Beispielen konkretisieren und mit Einzelforderungen unterfüttern.

Mir ist sehr wohl bewusst, dass wir mit dieser Politik nicht unbedingt Stimmen bekommen, denn wir reden dabei nicht mit populistischen Forderungen dem Wähler nach dem Mund. Nein, wir sind prophetisch und zeigen eine Vision auf. Damit ist klar, dass wir mit dieser Politik derzeit nur einen Bruchteil der Bevölkerung ansprechen können. Dennoch: Wir müssen mit einer Vision in die Zukunft blicken! Das darf der Anspruch einer Gesellschaft sein, auch eines Vordenkers. Dies interessant und verständlich zu kommunizieren, wird meine Aufgabe als Bundesvorsitzender sein. Es ist für mich der einzig überzeugende Ansatz. Und diesen Ansatz beziehe ich unter anderem aus meinem *spirituellen Glauben*, denn die ethische Grundlage ist für mich das, was uns wahre Menschen sein lässt, auch in der Politik.

»Da haben Sie sich aber was vorgenommen«, unterbricht mich der Taxifahrer, nachdem ich ihm dann doch einiges erzählt habe und richtig ins Philosophieren geraten bin. »Hört sich wirklich spannend an und wäre sicherlich ein neuer Ansatz, aber ich glaube nicht, dass Sie damit Wahlen gewinnen werden.«

»Das müssen wir auch nicht«, antworte ich ihm. »Unsere Mandatsträger leisten vor Ort hervorragende Arbeit und wir bewegen immer wieder etwas durch direkte Demokratie, aber das Allerwichtigste: Wir sind authentisch und ehrlich. Ich will

Sie jetzt auch gar nicht überreden, dass Sie die ÖDP wählen. Machen Sie sich einfach bewusst, dass Sie bei der Wahl ihre Verantwortung für vier bis sechs Jahre einer Partei übergeben und sich jeden Tag im Spiegel ansehen müssen – ja, ich habe diese Politiker gewählt.«

Im Warteraum des Flughafens beobachte ich das Schneegestöber und denke mir: Ach du meine Güte! Die japanischen und holländischen Touristen stehen nämlich am Fenster und fotografieren wie wild die Schneeflocken oder sich selbst, zum Teil sturzbetrunken. Sie merken gar nicht, wie entspannend so ein Schneetreiben sein kann. Heute fliege ich mit der *Austrian Airline*. Schon der Einstieg in das Flugzeug ist ein Traum. Alles ist in Rot und Weiß gehalten, mit etwas Grün dazu, sehr österreichisch. Man bekommt gleich ein Schokoladenherz geschenkt. Und irgendwie wirken Steward und Stewardess nicht wie Personal, sondern wie ganz normale Menschen. Sie lachen, unterhalten sich und im Hintergrund läuft ein Violinkonzert von Mozart. Vor mir sitzen zwei Kinder, denen die Stewardess sofort Malbücher bringt und sich sogar noch kurz dazusetzt. Ich denke mir: Mit den Österreichern zu fliegen ist doch etwas anderes.

Mitspracherecht für alle

Während wir auf die Enteisung des Flugzeugs warten, denke ich noch einmal an das Gespräch mit dem Taxifahrer über mehr Bürgerbeteiligung. In meinen Vorträgen, und ich halte mittlerweile viele Vorträge zum Thema »direkte Demokratie«, beginne ich mit der Fragestellung: »Was ist überhaupt Demokratie?« Was ist grundsätzlich damit gemeint? *Alle Staatsgewalt geht vom Volke aus. Der oberste Souverän ist das Volk:* Das verstehen wir heute unter Demokratie. Aber es ist ein griechischer Begriff, der im antiken Griechenland nicht so verstanden wurde, dass jeder Mann, jede Frau gleichberechtigt abstimmen konnte. Nein, es war eine etablierte Klasse, die an Abstimmungen teilnehmen durfte. Das heißt: Der Begriff Demokratie, wie wir ihn in der heutigen Zeit verstehen, ist ein über Jahrhunderte entwickelter Begriff für eine Staatsform. Politikwissenschaftlich könnte man sich darauf einigen: Demokratie ist eine Regierungsform, die durch gleichberechtigte Bürger gewollt ist und Entscheidungen durch Mehrheiten gefällt werden. Diese Mehrheitsentscheidungen sind Ausdruck des Rechtsstaats, die Basis ist unser Grundgesetz. Im Grundgesetz steht im Artikel 20 Absatz 3: »Alle Staatsgewalt geht vom Volke aus. Sie wird vom Volke in Wahlen und Abstimmungen (…) ausgeübt.« (www.bundestag.de/Dokument/RechtlicheGrundlagen) Mit *Abstimmungen* sind gemeint: Volksbegehren, Volksentscheid, Bürgerbegehren, Bürgerentscheid – also die Entscheidung per Abstimmung über eine einzige Sachfrage. Nicht wie bei der Wahl, bei der ein repräsentatives System – also Parteien mit ihren Politikern, die für ein Spektrum an Themen oder – wie ich – für eine »Vision« stehen – gewählt wird. Dieser Artikel des Grundgesetzes wird in den einfacheren Verfassungsgesetzen erst in Artikel 77 konkretisiert: »*Bundesgesetze können nur durch den Bundestag oder den Bundesrat beschlossen werden.*«

Und damit kommen wir zu einem Problem. Auch die später eingefügten, einfachen Gesetze gehören zu unserer Verfassung. Um Volksbegehren und Volksentscheide einführen zu können, brauche ich eine Verfassungsänderung dieses Artikels 77. Und eine Verfassungsänderung braucht im Bundestag eine Zustimmung von zwei Dritteln der Bundestagsabgeordneten. Wenn ich also das Ziel verfolge, den bundesweiten Volksentscheid einzuführen, dann muss ich versuchen, alle Parteien mit ins Boot zu nehmen. Aber diese Abstimmungen verhindert leider seit mehreren Jahrzehnten hauptsächlich die CDU/CSU.

Wenn wir einmal genauer betrachten, wie die Gegenargumente gegen plebiszitäre Elemente auf Bundesebene lauten, so nähern wir uns der Frage: Warum ist es überhaupt sinnvoll, Bürgerinnen und Bürger mehr einzubinden?

An erster Stelle ist das Argument zu hören, das Volk sei zu dumm. Wie ich schon dem Taxifahrer zu erklären versucht habe, glaube ich ganz stark an das kollektive Wissen. Dies bewahrheitet sich im Vergleich mit anderen Ländern. Ein Musterland der direkten Demokratie ist die Schweiz. Dort kann über fast alle Themen abgestimmt werden. Daher glaube ich, dass der Bürger nachhaltiger als ein Politiker denkt, dass er das Wohl der nachfolgenden Generationen im Blick hat. Das erklärt auch, weshalb mittelständische Betriebe Wirtschaftskrisen besser überstehen als Großkonzerne, die für kurzfristiges Wachstum »belohnt« werden und kaum Rücklagen und Ersparnisse haben. Mittelständische Betriebe denken an die nächste Generation und handeln so, dass diese Generation den Betrieb weiterführen kann und weitere Generationen davon leben können.

Aber zurück zu dem Argument, das Volk sei dumm. In der Diskussion darüber kommen wir schnell zur Frage, wem wir das Vertrauen schenken können. Wir dürfen uns nicht der Illusion hingeben, dass unsere Politiker die absoluten Experten auf allen Gebieten sind. Wenn man sich vorstellt, dass ein Bundestagsabgeordneter pro Jahr circa 12.000 Bundesdrucksachen zu lesen hat und er teilweise 900 bis 2.000 Gesetze verabschiedet, verordnen, beschließen muss, ist völlig klar, dass er nicht in jedem Bereich Experte sein kann. Er wird es vielleicht auf einem Spezialgebiet sein, er wird Zuarbeiter haben, er wird derjenige sein, der im Ausschuss sitzt, er wird auf die Ministerien, auf die Beamten vertrauen.

Was machen also unsere Abgeordneten, wenn sie über ein Gesetz abstimmen? Sie orientieren sich an den »Experten« und heben die Hand, wenn diese die Hand heben. Sie sprechen also ihren eigenen Leuten das Vertrauen aus. Das ist nicht verwerflich. Anders wäre unser parlamentarisches System überhaupt nicht möglich. Auch wir als Volk können nicht bei jedem Thema zu Experten werden. Wobei ich sicher bin, dass bei der Schlichtung von *Stuttgart 21* der Diskussionsprozess zu hohem Expertenwissen in der Bevölkerung geführt hat. Vor allem, weil er bereits über eine lange Zeit hinweg geführt wird und nicht in wenigen Monaten zum Ergebnis führen muss. Dies ist nämlich bei einem Gesetzgebungsprozess im Parlament der Fall: zwei, drei Lesungen und Diskussionen in den Ausschüssen und danach wird sofort abgestimmt. Nein, Diskussionsprozesse bei Bürgerbegehren sollten ruhig ein oder zwei Jahre dauern. Verschiedenste Vertreter von Interessenverbänden, Lobbyisten, Professoren und Bürgerinitiativen müssten zu Wort kommen. Genau das hat bei der Schlichtung von *Stuttgart 21*, in öffentlichen Diskussionsgruppen, dazu geführt, dass sehr komplexe Sachthemen detailliert und kenntnisreich diskutiert wurden. Diejenigen, die diese Schlichtung verfolgt haben, sind sicherlich tiefer in die Materie eingedrungen als viele der Politiker, die ursprünglich über den Bahnhof in Stuttgart abgestimmt haben.

Aber letztendlich wird sich nicht jeder der 60 Millionen Wahlberechtigten bei Volksabstimmungen intensiv informieren. Es wird viele geben, die sich sehr genau mit der Materie auseinandersetzen, aber es wird auch viele geben, die auf Vertrauensleute hören müssen und wollen. Das können zum Beispiel in der Energiefrage auf keinen Fall die Parteien sein. Bestimmte Parteien sind nämlich in die Kernenergie finanziell involviert und sind Teil der Atomlobby, wie die Spendenberichte deutlich machen. Vielleicht vertraut ein Teil der Bevölkerung *Greenpeace*, die sich zu diesem Thema im Diskussionsprozess vor dem bundesweiten Volksentscheid geäußert hat. Oder man vertraut gerade auf Unternehmen für erneuerbare Energien und darauf, was sie uns versprechen. Wiederum andere vertrauen auf die Aussagen der Lobbyisten der Kernenergie.

Als zweites Gegenargument gegen direkte Demokratie wird vorgebracht, dass das Volk verführbar ist oder emotional reagiert. Wenn beispielsweise bei der Festsetzung des Strafmaßes für Kinderschänder und -mörder die Stimmung hochkocht und vielleicht, unterstützt von populistischen Medien, die Todesstrafe für solche Delikte ins Spiel gebracht wird. Oder was geschähe, wenn ein Automobilclub zusammen mit einer großen Tageszeitung freie Fahrt auf deutschen Autobahnen – weg mit jeglicher Tempobeschränkung! – fordern würde?

Nicht von der Hand zu weisen ist, dass Populismus die Menschen beeindruckt und beeinflusst. Aber wenn wir genauer hinschauen, passiert genau das auch im Vorfeld von Wahlen. Wahlkämpfe werden heutzutage in immer kürzeren Phasen abgehalten: nur zwei, drei Monate, wenn nicht sogar nur ein, zwei Wochen vor der Wahl. Mit welch populistischen Argumentationen und Angriffen auf den Gegner dann versucht wird, das Volk auf seine Seite zu ziehen, hat jeder schon erlebt. Im Gegensatz dazu dauert ein Volksbegehren ein bis zwei Jahre und muss verschiedene Hürden nehmen. Daher ist ein Volksbegehren nicht zu vergleichen mit einer Meinungsumfrage, die an dem Tag abgehalten wird, an dem die Stimmung bewusst hochgepusht wurde. Was es auch immer an Umfragen und Wahlprognosen gibt – wie oft lagen sie völlig falsch. Eine Entscheidung, bei der jeder in geheimer Wahl seine Stimme abgibt und vor allem jeder darüber informiert worden ist, dass es diesen Volksentscheid gibt, eine Entscheidung, die während zweier Jahre durch Aufklärung und Diskussion vorbereitet wurde, wird auf der Basis von Sachargumenten gefällt werden. Populismus hat hier keine Chance!

Richtig ist, dass wir hier über eine Bevölkerung sprechen, die am politischen Geschehen interessiert ist und die nötigen Sachinformationen erhält. Wir sprechen also auch von Spielregeln. Selbstverständlich braucht direkte Demokratie einen Rahmen und Grenzen. Die parlamentarische Demokratie folgt schließlich ebenfalls Spielregeln. Denken wir nur an die Fünf-Prozent-Hürde bei Wahlen, damit eine Partei in den Landtag oder Bundestag einziehen kann. Oder an die Wahlkampfkostenerstattung für jede Stimme, die eine Partei erwirbt. Oder an die Wahlwerbespots im Fernsehen, bei denen der Name der Partei genannt werden muss und für die eine maximale Länge festgesetzt ist.

Ähnliche Regeln brauchen wir auch bei der Volksgesetzgebung, das heißt, wir brauchen einen Rahmen, der beispielsweise vorgibt, wie Bürgerinnen und Bürger über den Gesetzesentwurf, der zur Abstimmung kommt, informiert werden.

Momentan hinkt hier das Gesetz auch auf Landesebene stark hinterher. Im Gegensatz zur Schweiz. Dort gibt es ein Abstimmungsheft, das jede und jeder Wahlberechtigte zugeschickt bekommt. Darin ist das Gesetz, das geändert werden soll, abgedruckt, die kurze Zusammenfassung stammt von unabhängiger Stelle. Ferner ist der Gesetzesentwurf zu lesen, über den abgestimmt wird. Auch die Gegenseite, die keine Veränderung will oder anderes vorschlägt, hat die Möglichkeit, ihre Argumente darzustellen. Dies ist eine solide Grundlage für die Entscheidungsfindung und wäre auch für Deutschland zu empfehlen. Der Verein *Mehr Demokratie* schlägt darüber hinaus vor, dass beide Seiten zu den jeweiligen Argumenten der anderen noch einmal Stellung beziehen sollten. Durch ein Heft dieser Art wäre die Bevölkerung gut informiert.

Wenn es um Spielregeln geht, müssen wir auch über einflussreiche Geldgeber und Lobbyisten sprechen. Was nicht geschehen darf, ist, dass man sich ein Volksbegehren erkaufen kann, indem Unterschriftensammlungen bezahlt werden oder finanzstarke Gegenkampagnen ein Volksbegehren verhindern. *Mehr Demokratie* fordert zum Beispiel Wahlkampfkostenerstattung:

Wenn die festgelegte Prozent-Hürde übersprungen ist, erhält der Verein, der das Volksbegehren organisiert, für jede Stimme eine Kostenerstattung – als Startkapital für den nachfolgenden Volksentscheid. Bis Ende des Jahres 2011 will der Verein eine gut ausgearbeitete Gesetzesvorlage liefern. Vielleicht ist es nötig, die maximale Höhe von Spenden festzulegen. Und sicherlich muss bei Fernsehwerbespots offengelegt werden, wer hier wirbt, wer der Sponsor ist, welche Interessen dahinter stehen. Spielregeln brauchen wir auch, damit Minderheitenrechte nicht beschnitten werden und Grundrechte nicht verhandelbar sind. Denn das ist ein starkes Argument gegen Volksbegehren, dass die Mehrheit die Lebensmöglichkeiten der Minderheiten beschneiden könnte oder dass Minderheiten über die Mehrheit ihr Ziel erreichen könnten.

Quoren und Hürden müssen also sinnvoll, aber erreichbar gestaltet werden. Derzeit liegt beispielsweise in Baden-Württemberg die Hürde beim Volksbegehren bei 16,7 Prozent. Das bedeutet: Jeder 6. Mensch, den man auf der Straße trifft, muss innerhalb von 14 Tagen während der normalen Öffnungszeiten ins Rathaus gehen und unterschreiben. Ein aussichtsloses Unterfangen.

Volksabstimmungen sind generell in einem gestuften Dreierschritt organisiert. Die erste Stufe ist die Unterschriftensammlung, die auf der Straße stattfindet. Sobald die Unterschriften beim Innenministerium eingereicht sind und der Antrag auf Zulassung des Volksbegehrens genehmigt ist, kommt es zum Volksbegehren, der zweiten Stufe. In manchen Bundesländern müssen durch freie Sammlung, in Bayern durch Amtseintragung weitere Unterschriften gewonnen werden, damit es auf der dritten Stufe zum Volksentscheid kommen kann.

Bei jeder dieser Stufen sollte es die Möglichkeit geben, dass das Parlament den Gesetzesentwurf diskutiert. Dann können Kompromisse oder Änderungen eingebracht werden.

Hier stellt sich die Frage, wie ein Gesetzesentwurf überhaupt zustande kommt. Es geht also bei Bürgerbeteiligung und direkter Demokratie nicht nur um das Ende, um die Abstimmung an sich, sondern es geht auch um den Anfang. Aber das trifft nicht nur auf die direkte Demokratie zu, sondern auch auf den parlamentarischen Weg. Wir brauchen auch hier das Rad nicht neu zu erfinden, sondern nur einmal auf die kommunale Ebene zu schauen, wie Städteplanung funktioniert, wie hier Bürgerinnen und Bürger eingebunden werden, oder wie es in der Schweiz funktioniert.

Die Schweiz hat nämlich gerade bei Großprojekten Bürgerbeteiligung von Anfang an. Es ist hier vorgeschrieben, dass bei einer gewissen Bausumme oder ab einer daraus resultierenden jährlichen Investition die Bürger von vorneherein mit einbezogen werden und zwar indem sie über Alternativen diskutieren. In Deutschland läuft es so ab, beispielsweise bei *Stuttgart 21*, dass die Politiker irgendwann beschließen, dass sie etwas bauen. Es wird diskutiert. Relativ schnell steht der Bebauungsschluss fest und es geht ins Planfeststellungsverfahren. In diesem Stadium können Bürger, aber nur direkt Betroffene (Lärmbelästigung, Naturschutzvergehen), Einwände einbringen. Das Projekt an sich kann jedoch nicht in Frage gestellt werden. Ist es sinnvoll, einen Tiefbahnhof zu bauen? Wäre es nicht sinnvoller, einen Umgehungsbahnhof mit einer Schnelltrasse wie in Frankfurt –Flughafen oder Kassel – Wilhelmshöhe zu bauen? Das wäre viel günstiger. Das Geld, das dadurch eingespart werden würde, könnte besser in die Bildung oder in das Rentensystem investiert werden. Wer solche Einwände an die Verwaltungsbehörden schreibt, würde abgewiesen, denn diese Einwände haben mit dem Bau an sich nichts zu tun.

Das kann es nicht sein! In der Schweiz gibt es verschiedene Alternativen, die von den Bürgerinnen und Bürgern diskutiert werden können, und auch die Möglichkeit, das Projekt auch als Ganzes in Frage zu stellen. Ähnliches fordert Bundespräsident Christian Wulff mit seinem *Bürgerforum 21*. Hier sollen Bürger aus den verschiedensten Arbeitswelten und sozialen, gesellschaftlichen Strukturen zusammenkommen, um ein Projekt zu entwickeln. Diese sogenannten Planungszellen, die auch in der Wirtschaft immer mehr Fuß fassen und mehr oder weniger auf dem Prinzip der kollektiven Intelligenz aufbauen, haben gezeigt, dass gemeinschaftliche Entwicklungen, natürlich unter einer guten Moderation und einem engen Zeitrahmen, viele Aspekte berücksichtigen, die Experten bei der ursprünglichen Planung nicht bedacht haben. Beispielsweise wird bei Schulgebäuden mit toller architektonischen Planung der Bürgersteig für die Schulkinder vergessen.

Aber schauen wir noch einmal kurz in die Schweiz, wirklich ein Musterland der *Direkten Demokratie*. Dort hat der Gotthard-Basistunnel mit Bürgerbeteiligung begonnen, von Anfang an mit Diskussionen über Varianten. Die Bürger haben sich am Ende per Abstimmung für dieses Projekt entschieden und sie haben sogar noch bei der Frage darüber abgestimmt, ob die Schweizer das Ganze selbst finanzieren wollen und dafür die Benzin- und Dieselpreise anheben müssen oder ob man sich einen Investor holt. Die Bürger haben sich für die Erhöhung der Steuern entschieden, damit das Projekt in eigener Hand bleibt.

Ein Gegenargument, das immer wieder gerne gebracht wird, ist, dass unsere komplette Politik lahmgelegt wird, weil irgendwelche Gruppierungen, denen etwas nicht passt, zu diesem Instrument greifen würden und wir dann jeden Sonntag irgendeine Abstimmung haben. Dem widerspricht die Praxis von vielen kommunalen Bürgerentscheiden, wie es sie in Bayern seit 15 Jahren gibt. Sie kommen nur in äußerst strittigen Fällen zum

Einsatz, wenn Bürger eine Entscheidung der Politik revidieren wollen oder die Politik vielleicht sogar von sich aus dem Bürger eine Frage stellt, um ihm mehr Verantwortung zuzubilligen. Es verändert sich im kompletten System etwas, wenn der Bürger nicht nur bei Wahlen alle vier, fünf beziehungsweise sechs Jahre seine Verantwortung auf die gewählten Politiker überträgt und anschließend nicht mehr an der Politik beteiligt ist, sondern wenn immer wieder zu Sachfragen seine Entscheidung gefragt ist. Dadurch wird auch die Wahl als Ganzes aufgewertet, denn es geht jetzt um visionäre, gesamtpolitische Ansätze und nicht mehr um Einzelfragen, wie beispielsweise bei der Wahl in Baden-Württemberg, wo es um Atomkraft oder um *Stuttgart 21* ging.

Können wir aber tatsächlich über alles abstimmen? Ich bin der Meinung, wir können sehr wohl über Finanzen abstimmen. In der Schweiz funktioniert es mit dem Rentensystem. Warum sollten wir nicht über komplexe Sachverhalte abstimmen, denn auch im Bundestag ist es ja letztendlich nur eine Ja/Nein-Frage.

Aber es gibt trotzdem zwei Bereiche, über die wir nicht abstimmen können. Und hierin unterscheiden wir uns momentan von der Schweiz. Dort ist es nämlich so, dass bei dem dreistufigen System des Volksbegehrens am Anfang jede Frage zur Unterschriftensammlung gegeben werden kann. Wenn dann die Unterschriften eingereicht werden, entscheidet das Parlament darüber, ob diese Frage zur Abstimmung kommt oder nicht. Bei uns würde es schon vorher eine Kontrolle durch das Ministerium geben, ob diese Frage dem Grundgesetz widerspricht oder nicht. So wäre es nicht möglich gewesen, dass bei uns wie in der Schweiz die Ausschaffung von kriminellen Ausländern oder das Minarettverbot zur Abstimmung gestellt werden würde. Denn beides widerspricht unserem Grundgesetz zur Würde des Menschen beziehungsweise zur Ausübung der Religionsfreiheit.

Es geht also um die Rahmenbedingungen und diese müssen wie in der parlamentarischen Demokratie genauso in der direkten Demokratie festgelegt, richtiggehend festgezurrt werden, damit sie nicht von extremistischen Gruppen missbraucht werden.

Aber es gibt noch ein Zweites, worüber wir nicht abstimmen können. Wir können nicht über Wahrheit abstimmen. In meinen Vorträgen halte ich einen Stift hoch und sage: »Wird dieser Stift nach unten fallen, ja oder nein?« Alle lachen, denn darüber können wir nicht abstimmen. In Amerika hat es so etwas gegeben. Es wurde darüber abgestimmt, ob der Mensch vom Affen abstammt oder nicht. Solche Fragen müssen ausgeklammert werden. Darum muss die Volksgesetzgebung genauso einem Verfassungsgericht unterstehen, das notfalls Abstimmungen stoppt, die verfassungswidrig sind.

Es geht also darum, dass die direkte Demokratie eine Ergänzung zur repräsentativen Demokratie ist, die in wichtigen Fragen den Bürger in die Verantwortung nimmt und ihn mitbeteiligt, die meines Erachtens ein ganzes System verändert. Viele haben uns vorgeworfen, dass in Bayern mit 37 % Wahlbeteiligung beim Nichtraucherschutz das Volk nicht wirklich repräsentiert wurde. Aber zum einen ist sie genauso hoch wie bei einer Europawahl und die Politiker sind danach auch legitimiert im Parlament zu sitzen und zum anderen zeigt das Beispiel Schweiz, dass bei Abstimmungen, die alle betreffen, die Wahlbeteiligung viel höher ist als bei Abstimmungen, die nur wenige betreffen, wo es auf dem Wahlzettel auch nicht die Entscheidungsmöglichkeit, »Ich enthalte mich«, gibt und wo man dann gar nicht zur Wahl geht.

So könnten in Bayern beim Nichtraucherschutzgesetz viele nicht zur Wahl gegangen sein, weil sie gesagt haben: »Mir ist es egal, ob in der Gastronomie geraucht werden darf oder nicht.« Aber wenn das Instrument *Direkte Demokratie* öfter gebracht wird, entwickelt sich eine ganz andere Diskussion und Kultur, wie sich Bürger einbringen können. Wie sich vor allem Minderheiten einbringen können, Minderheiten, die sonst gar nicht gehört würden. Das schafft einen Ausgleich zwischen den Politikern, viele kann man ja vorsichtig ausgedrückt »durch die Wirtschaft bezahlte Lobbyistenvertreter« nennen, und dem Willen der Bevölkerung.

Aber Demokratie muss erlernt werden. Wenn wir einmal vergleichen: Wann wurde in Deutschland das Frauenwahlrecht eingeführt? Im Jahr 1919. Wann wurde es in der Schweiz auch bei Volksabstimmungen eingeführt? In den 70er Jahren, teilweise 80er Jahren in den letzten Kantonen, wo die Frauen dieses Recht einklagen mussten. Da merkt man ganz deutlich, Demokratie ist also ein Prozess, der sich entwickelt hat. Wir müssen jetzt weitere Schritte müssen, um die Bürgerinnen und Bürger mit ihrer positiven, auch politischen Macht und seiner Verantwortung miteinzubinden, sie daran zu erinnern: »Ihr könnt ganz konkret etwas bewirken, ihr müsst aber dann auch die Tragweite für euer komplettes Handeln begreifen.«

Das Tolerieren einer anderen Meinung, dem anderen überhaupt zuzuhören, welche Meinung er hat, das wäre in diesem Fall ein wichtiger Baustein hin zu einer sozialeren, gemeinschaftlicheren Welt. Damit wir überhaupt in diesen Prozess gehen können, dazu braucht es ein Bildungssystem, das uns diese Fertigkeiten vermittelt. Fertigkeiten wie reflektieren zu können, sich selbst zu kennen, ohne Scheuklappen auf den anderen zuzugehen und kritikfähig zu sein.

Wir haben es also selbst in der Hand. Wir können Freunde und Bekannte informieren und Politkern schreiben. Und wir können gerade im Zeitalter des Internets alle auf einfachem Wege Fragen stellen. Aber wir müssen vor allem bei uns selbst anfangen etwas zu verändern. Wir können alle zu Ökostromanbietern wechseln und den Atomausstieg beschleunigen. Wir müssen uns entscheiden, was wir wollen. *Volk, entscheide!* Das sind zwei Botschaften: in der Politik entscheiden, aber auch im persönlichen Umfeld! Wir Menschen haben die Verantwortung und auch die Möglichkeit, aus uns und der Gesellschaft etwas zu machen.

Wir sollten eigentlich längst losfliegen, da meldet sich der Pilot mit einer charmanten Entschuldigung. So eine liebenswürdige Art macht das Reisen, überhaupt unsere Welt so schön. Die Verzögerung führt dazu, dass ich meinen Anschlussflug von Wien nach Linz nicht erreichen werde, ich werde den Zug nehmen. Eine Stunde später geht es dann los und nach einem Flug über dicker Nebeldecke landen wir in Wien. Ich erfahre, dass das Flugzeug nach Linz auf uns gewartet hat! Mit einer kleinen Maschine geht es weiter. Warum nur wird so viel geflogen? Ich versuche möglichst mit dem Zug zu fahren und Inlandsflüge zu vermeiden, solange es geht, denn die Energiebilanz ist erschreckend. Wenn sich das Fliegen wirklich nicht vermeiden lässt, errechne ich die CO_2-Bilanz, auch für meine vielen Autofahrten übrigens, und kaufe Regenwald zum Ausgleich. Ich möchte das demnächst auch bei der ÖDP für unsere Geschäftsstellen und Parteitage umsetzen. Wir sollten als ökologisch orientierte Partei Geld dafür in die Hand nehmen – auch wenn es uns bei Wahlkämpfen fehlt –, dass wir eine CO_2-neutrale Bilanz vorweisen können, damit es trotz unserer Reisen gelingt, keinen klimaschädigenden Abdruck auf der Welt zu hinterlassen. Was wir im Parteiprogramm fordern, müssen wir auch selbst umsetzen.

Über dem Wienerwald kommt die Sonne heraus. Links sieht man wunderschön den Alpenkamm, auf der rechten Seite fast immer die Donau. Die Wachau taucht auf und mir kommt der Gedanke, den morgigen Tag in der Wachau zu verbringen.

In Linz fahre ich mit dem Auto zurück zum Mariendom. Der Essensrucksack hat schon auf mich gewartet. Da bekomme ich einen Anruf von Clemens. Er erzählt, dass wieder Journalisten angerufen haben: Warum ich im Turm sei und ob ich dort sein dürfte und wie ich überhaupt gleichzeitig im Fernsehen zu sehen sein könnte. Er habe alles dementiert und weitergegeben, ich sei auf meinen Wunsch hin nicht erreichbar.

Ich bedanke mich, bin aber verunsichert. Egal, was man macht, denke ich, man bekommt negative Presse. Dennoch genieße ich den herrlichen Sonnenuntergang beim Hochsteigen. Es ist der letzte Sonnenuntergang während meiner Eremitenwoche. Ich hatte tolles Wetter: klare, helle Tage mit wunderschönem Blick über das leicht verschneite, weihnachtliche Linz. Ich nehme mir viel Zeit, in jede Himmelsrichtung zu sehen, in die Ferne zu den Hügelspitzen, vorbei an Hochhäusern, durch Hinterhofgärten, durch Straßen und Gassen, über die mir so lieb gewordenen Plätze, historische Monumente, vorbei an Kirchen, Museen und die Donau entlang.

Wie klein die Menschen von hier oben doch aussehen, fast wie Ameisen, wenn sie so herumwuseln. Und die doch in einer Gesellschaft ohne Königin zusammenleben, die in Freiheit, aus freiem Willen, selbstbestimmt, mit eigenen Ideen und Interessen, gemeinschaftlich und mit Verantwortung und Vertrauen miteinander schaffen.

Darum wäre es auch für uns Menschen so wichtig, dass wir – was meiner Philosophie, meiner Spiritualität entspricht – uns mehr unserer Verantwortung stellen, unserer positiven Macht und Energie bewusst werden und unser Leben in unserem nahen Umfeld aktiv und bewusst gestalten. Aber wir brauchen auch im weiteren Umkreis, unserem politischen System, mehr Verantwortung und daher mehr Mitsprache, um in eine Zukunft zu gehen, die diesen Planeten nicht ausbeutet und zerstört, sondern allen ihren Platz zum Leben erhält. Die für alle Wohlstand – keinen ausschweifenden Luxus, sondern einen ökologisch und sozial verträglichen Wohlstand – und einen Lebensstandard schafft, wie ihn Ulrich von Weizsäcker in seinem Buch *Faktor Fünf* für die Post-Wachstumsökonomie beschreibt.

Ich finde es faszinierend, dass ich gerade im Linzer Turm auf dieser Höhe stehe, der von Menschen aus dem Volk geschaffen wurde. Zwar initiiert von der Idee eines Bischofs, doch von vielen Menschen, von ihren Spenden, mit ihrem großen Engagement, gemeinschaftlich aufgebaut, um einen Ort für die gemeinsame Spiritualität zu schaffen. Gemeinschaft ist schon etwas Tolles, Tragendes und Begeisterndes und ich spüre, wie man doch einsam wird als Führungsperson. Wenige verstehen die Probleme, die viele Kritik, die wenigen positiven Feedback-Meldungen, das ständige Beobachtet-Werden. Und wie manchmal auch Alltägliches entgleitet, weil das größere Ganze die gesamte Energie beansprucht. Weil es eine Berufung ist. Ich bedaure es manchmal, dass ich Freunde auf diesem Weg verloren habe, dass wir uns auseinandergelebt haben. Dass ich nicht mehr das Gefühl hatte, verstanden zu werden. Dass ich nicht genügend Zeit für sie hatte. Denn man wägt immer ab: Investiert man Energie und Zeit in Privates, in Persönliches oder doch für das Gemeinwohl?

Mit leicht wehmütigen Gedanken und dem Vorsatz, in Zukunft bewusst wieder den Kontakt zu Freunden zu suchen, ist es auch schon Zeit für mein letztes Gespräch mit Schwester Bernadette. Ich eile die Treppen hinunter, halte kurz im Langhaus des Domes inne und betrachte die herrliche Kreuzrippenkonstruktion. Da läutet das Notfallhandy. Ich nehme den Anruf vor dem Seitenausgang des Domes entgegen. Es ist Sofie Langmeier, die mir zu einer wahrlich guten Freundin geworden ist, die schon längst nicht mehr nur den Job einer Pressesprecherin oder Strategieberaterin ausfüllt, sondern wirklich den einer Beraterin für viele Bereiche. Sie ist sehr erzürnt darüber, dass ich ihr von dem Interviewtermin in Berlin nichts gesagt habe. Es haben Journalisten bei ihr angerufen und sie konnte keine Auskunft geben. Obwohl ich dachte, dass ich umsichtig gehandelt hätte, wäre es wirklich nötig gewesen, dass sie Bescheid gewusst hätte. Es tut mir leid, ich entschuldige mich bei ihr. Obwohl sie erzürnt ist, wünscht sie mir noch eine gute Zeit für meine restlichen Eremitenstunden. Sie ist einer der Menschen, deren Kritik ich wirklich annehme, da sie immer auf sachlicher Ebene mit mir spricht und ehrliche, vor allem konstruktive Kritik äußert. Auch ist sie in keiner Partei aktiv, bleibt lieber neutral und lässt sich nicht in Medien- und Politik-Geplänkel hineinziehen. Sie bewahrt sich ganz bewusst den Blick von außen und sagt zum richtigen Zeitpunkt das Richtige. Sie bleibt mir hoffentlich noch lange in diesem Bereich erhalten!

Ich komme zu Schwester Bernadette über zehn Minuten zu spät, entschuldige mich gleich und erzähle ihr von der Kritik und dass mich dieses ständige Präsentsein und dass jeder Schritt beobachtet wird doch sehr mitnimmt. Dass ich andererseits versuche, dem etwas Positives abzugewinnen, die Kritiker zu verstehen. Neid, aber auch Angst und Verunsicherung sollten mir ein Zeichen sein, etwas an meinem Verhalten zu verändern. Ich sollte es definitiv nicht den anderen anlasten. Gleichzeitig werde ich immer mit Widerstand rechnen müssen, wenn ich versuche, Grenzen zu sprengen, etwas zu bewegen. Dass sich etwas bewegt, ist das Wichtigste. Dabei darf das Verständnis für mich manchmal ruhig auf der Strecke bleiben. Ich muss nicht von allen geliebt werden, wenn ich Denkprozesse anstoße und die Gesellschaft dadurch verändern kann.

Schwester Bernadette ist beeindruckt, dass ich nie verbittert reagiere und mich mit Elan auch mit Widersachern auseinandersetze. Ich erzähle ihr, dass es für mich nicht immer leicht ist und ich auch Fehler mache. Besonders wenn ich keine Energie mehr habe und nicht mehr »filtern« kann, habe ich durchaus manchmal Rachegelüste und kann das Positive nicht mehr sehen. Dann muss ich mich »erden«, um an meine Energie, mein inneres Feuer heranzukommen, damit ich »über« dem Angriff stehen kann. Ich versuche immer wieder neu zu reflektieren, auch in der Botschaft Jesu Christi, in seinen Seligpreisungen einen Ansatz zu finden, und ich möchte das, was Jesus uns vorgelebt hat, in meinem Leben umsetzen. Das gelingt mir trotz allem natürlich nicht immer. Aber ich hoffe auf meine Selbstreflexion. Das ist eine Stärke, die mich weiterbringen wird. Das sollten wir vor allem den Jugendlichen beibringen. Selbsterkenntnis, Selbstvertrauen ist die eigentliche Grundlage für die Gesellschaftsveränderung.

Durch dieses Gespräch über meine Stärken spüre ich auf einmal, wie das Feuer in mir wieder da ist. Es war kurz durch die Kritik gedämmt und erwärmt mich nun wieder und lässt mich wieder ganz in meinem Eremitenturm ankommen.

Ich freue mich wieder richtig auf meine nächsten Aufgaben und Projekte. Begeistert erzähle ich Schwester Bernadette, dass ich für das Jahr 2012 bereits mit Clemens und dem Lichtkünstler Michael Kantrowitsch plane, ein Lichtstrahlennetz, ein Licht-Glaubensnetz über Linz aufzubauen. Von jeder Kirche, die auf einer Achse zum Linzer Dom liegt, wollen wir einen Laserstrahl zur Spitze des Linzer Domturmes schicken. Ich habe bei meinem Rundumblick heute gezählt: Es sind 26 Kirchen, die passend, aber teilweise mehrere Kilometer entfernt liegen, die aber gemeinsam in der *Nacht der offenen Kirchen* ein wunderschönes Bild ergeben könnten.

Damit soll zum einen die 100-jährige Fertigstellung des Linzer Domes gefeiert werden und zum andern symbolisiert werden, dass der Glaube, der Glaube der Oberösterreicher, sich im Linzer Dom manifestiert. Ein Lichtstrahl steigt vom Umgang auf der Turmspitze aus in den Himmel hinauf. Die Glaubenskraft der Gemeinschaft ist zum Himmel hin gebündelt, gerichtet auf etwas Unbegreifliches, Unfassbares, auf das Göttliche. Und umgekehrt: Gott sendet seine Botschaft, seinen Geist auf die

Erde herunter. In dieser Nacht werden so viele Menschen mit einem Lächeln, mit einer heiteren Grundstimmung durch die Linzer Altstadtgassen wandeln und über sich immer wieder den Strahl entdecken, sich behütet fühlen, vielleicht spirituell inspiriert werden und einen Abend der Gemeinschaft erleben. Für die Christen unter ihnen wird wieder der zentrale Satz von Jesus verdeutlicht, der für mich in so vielen, auch politischen Lebensbereichen gilt: »Wo zwei oder drei in meinem Namen versammelt sind, da bin ich mitten unter ihnen.«

Mit diesem Schlusswort bedankt sich Schwester Bernadette bei mir und meint: »Wir lassen das einfach so stehen.« Sie ist dankbar, dass sie mich in dieser Woche begleiten durfte. Sie hätte mir gern zugehört, sagt sie. Und ich bedanke mich, dass sie mir zugehört und mich begleitet hat. Nun übergibt sie mir ein kleines, rotes Teelicht, das ich immer dann anzünden soll, wenn ich das Gefühl dieser Woche des Behütetseins, des kritikfreien Raumes in Erinnerung rufen möchte.

Dann gehen wir zur *Vesper,* die ich verfolge und mitsinge. Ich genieße den kleinen Raum der Schwestern mit dem silbern funkelnden Tabernakel, den hellen, warmen Farben. Ich präge mir das Bild tief ein.

Zurück im Dom, nehme ich noch am Abendgottesdienst in der Krypta teil. Die vielen Gottesdienste, an denen ich die letzten Tage teilgenommen habe, versetzen mich ganz in meine Jugend zurück. Als Ministrant habe ich fast täglich, manchmal sogar zweimal am Tag ministriert, und jetzt verspüre ich dieselbe innere Zufriedenheit und Ruhe, die die kirchlichen Räume, der Ritus des Gottesdienstes – wie damals – auf mich ausüben. Ich bleibe im Anschluss noch lange im Dom sitzen und warte wieder ab, bis Sigi nach und nach die Lichter löscht. Dieser Linzer Dom wird mir immer gerade wegen seines Gewölbes deutlich in Erinnerung bleiben, weil es sich nach oben weitet zu einem neuen Horizont.

Zurück in meinem Domturm, setze ich mich nach einer kleinen Brotzeit an meinen Schreibtisch und beginne einen Brief an Erich Wimmer zu schreiben, der mich während meines Ausflugs nach Berlin durch sein Buch mit meiner Eremitenstube in Verbindung hielt und mich mit seiner ehrlichen, offenen, liebevollen und vor allem wortschöpferisch-bildlichen Sprache im Innersten berührt hat.

Ich möchte die Nacht der Angst im Dom vergessen und begebe mich noch einmal zu später Stunde in das dunkle Schiff hinab. Durch das Gespräch mit Schwester Bernadette habe ich dieses Mal überhaupt keine Angst. Ich gehe im Raum umher, lasse die Woche noch einmal Revue passieren, singe Psalmen und sauge förmlich jeden Winkel und alle Energie dieses Gotteshauses in mich auf. Irgendwann wird es mir doch zu kalt und so schließe ich meinen nächtlichen Domaufenthalt ab, indem ich mit einer Kerze in der Vierung stehe und das Lied *Ein Schiff, das sich Gemeinde nennt* singe, symbolisch für die Gemeinschaft, in der ich mich befinde, in meiner Partei, in meiner Pfarrei, in Passau, in Bayern, in Deutschland, in der Welt. Danach steige ich von einem Glücksgefühl erfüllt die Treppen hinauf. Jede Stufe nehme ich ganz bewusst, genieße den Blick, bis ich, zurück in meiner Eremitenstube, einig mit mir und der Welt bin.

SILVESTER UND NEUJAHR

Was nehme ich mit?

Es ist der letzte Morgen in meiner Eremitenstube. Ich bin heute besonders früh aufgestanden, will ich doch jede mir noch verbleibende Minute meiner Auszeit in meiner Türmerstube genießen. Es ist noch dunkel, aber der Himmel geht schon langsam von dunklem Schwarz in ein leichtes Gelb und Blau über. Der Sonnenaufgang hinter dem Berg mit den im Nachthimmel verschwindenden Rauchwolken aus den Schornsteinen der Linzer Stadt ist ein herrlicher Abschied. Auf meiner kleinen Runde draußen auf dem Turm bleibe ich immer wieder stehen und lasse diese Woche für mich noch einmal Revue passieren.

Dann »dusche« ich zum letzten Mal. Auf meine Dusche zu Hause freue ich mich, aber diese sparsame Art, sich zu waschen, hat etwas für sich gehabt. Man bekommt ein ganz anderes Bewusstsein für den Wohlstand, den wir täglich haben. Danach mache ich mich daran, die Eremitenstube gründlich zu säubern. Ich möchte meinem Nachfolger eine wohnliche Stube hinterlassen. Als alle Tupperboxen wieder gespült und im blauen Rucksack verstaut sind, als meine eigenen Sachen in den Wanderrucksack gepackt sind, setze ich mich an den Schreibtisch und schlage das Eremitenbuch auf. Endlich bin ich in der Stimmung, meinem Nachfolger und allen anderen Eremitinnen und Eremiten, die nach mir kommen, etwas ins Tagebuch zu schreiben.

Ich beschreibe nun, wie ich hier so langsam zur Ruhe gekommen bin, wie ich die Gleichnisse Jesu gelesen habe, wie ich die

Auszeit für einen Termin unterbrechen musste, bei dem ich meine Ideen für eine direkte Demokratie vorstellen konnte, und dass ich mich wieder stärker durch meinen Glauben leiten lassen möchte.

Nun wird es Zeit für den Abschied. Plötzlich klopft es an der Tür. Sigi, der Mesner, steht da, zusammen mit der Putzfrau. Er weist sie ein und will mich gleich mit nach unten nehmen.

Wäre ich jetzt vielleicht doch lieber allein?

Begegnungen

Sigi raucht eine Zigarette auf dem Balkon. Irgendwie bizarr: Von meiner Auszeitwoche gehe ich ausgerechnet mit einem Raucher zurück ins Leben! Er will Silvester oben auf dem Turm verbringen und ich frage ihn, ob ich dabei sein könnte. Er ist einverstanden und so verabreden wir uns für halb zwölf im Dom.

Im Dom stelle ich den Essensrucksack ab und gehe mit Sigi in die Krypta zur letzten Andacht. Jetzt kann ich die Stille genießen. Keine Gedanken mehr an die letzte Woche – ich bin einfach nur da und genieße diese Stille. Als Abschluss dieser Andacht übergebe ich den Schlüssel der Nachfolger-Eremitin, die zusammen mit dem Kolpinghausteam auch da ist. Beim Mittagessen, zu dem auch Schwester Bernadette gekommen ist, bittet mich der Kolpinghausleiter um meine drei Sätze. Es war für mich eine Woche ohne Kritik, sage ich, eine Woche, um Kraft zu tanken, eine Woche, in der mir zugehört wurde, in der ich viel reflektiert und viel Energie für die nächste Zeit geschöpft habe. Vor allem durch die Interpretation der Gleichnisse habe ich einen neuen Weg zu den jesuanischen Worten gefunden, in denen ich meinen Auftrag wiederentdeckt habe, in welcher Art und Weise ich politisch agieren möchte.

Nach Schwester Bernadette, die mir Gottes Segen für die Zukunft wünscht, erzählt die neue Eremitin von ihrer Vorfreude auf eine Woche Fastenzeit und dann begleiten sie die Kolpinghausleute hinauf in den Turm. Ich packe meinen Rucksack und habe überhaupt keine Ahnung, was ich jetzt machen soll. Es ist Mittag am Silvestertag, also noch lange hin bis zum Feuerwerk, zu dem ich mit Sigi auf den Turm klettere. Ich überlege, Erich Wimmer zu kontaktieren, suche im Netz die Telefonnummer und rufe ihn einfach an. Er ist überrascht, aber weil er gerade nach Rom unterwegs ist und in Linz vorbeikommt, vereinbaren wir, dass wir uns um kurz vor fünf Uhr am Dom treffen. Diese Zeit passt, denn um fünf Uhr beginnt der Jahresabschlussgottesdienst. Es soll ein festlicher, schöner Gottesdienst sein, habe ich gehört. Außerdem interessiert mich, welche Worte der Dompfarrer für die letzten Stunden des Jahres auswählt.

Ich begebe mich ins nahe gelegene *Café Jindra,* in den ersten Stock hinauf, wo Christine, meine Lieblingskellnerin, arbeitet. Wir unterhalten uns ein bisschen und zum Abschied schenkt sie mir ein Glücksschwein, das ich in meinen Geldbeutel legen soll, damit immer genügend Geld drin ist. Bis heute ist das Schwein im Geldbeutel und das Geld wirklich noch nicht ausgegangen. Am Dom treffe ich Erich Wimmer. Ich gebe ihm meinen Brief und er versichert mir, dass er ihn beantworten wird. So wünsche ich ihm eine gute Zeit in Rom.

Im Jahresabschlussgottesdienst blickt der Dompfarrer auf das zurückliegende Jahr und das, was sich in der Dompfarrei zugetragen hat. Es ist deutlich zu spüren, wie verbunden er seiner Pfarrei ist. Da erwacht bei mir wieder der Wunsch, in einer Pfarrei richtig integriert zu sein. In meiner Heimatpfarrei bin ich es nicht mehr, seit ich in der Altstadt wohne, und in der Altstadt kann ich nicht Fuß fassen, da es nicht meine Heimatpfarrei ist. Das Regelmäßige fehlt mir. Positiv gestimmt steige ich nach dem Gottesdienst in mein Auto.

Aber was mache ich nun, es ist erst 18 Uhr. Ich schaue noch einmal im Laptop, ob ich irgendeinen anderen Gottesdienst finde, vielleicht in einem Kloster in der Umgebung. Ich würde nämlich gern an einem richtigen Jahresabschluss, vielleicht in Form einer lateinischen *Vesper,* ganz spät am Abend, teilnehmen. Es gibt jedoch keine Gottesdienste mehr um diese Zeit. Auch im Kloster Melk wird der Abschlussgottesdienst früh gefeiert. Aber im Kloster Göttweig gibt es um 23 Uhr 30 in der Krypta einen Gottesdienst. Das ist genau das Richtige. Dann hätte ich jetzt noch genügend Zeit, in Ruhe an der Donau entlang Richtung Wachau zu fahren. Sigi sage ich später ab.

Im Auto telefoniere ich mit meiner Mutter. Sie erkundigt sich nach meiner Eremitenwoche und erzählt, dass sie gerade *Dinner for One* anschauen will.

Als ich an Mauthausen vorbeifahre, denke ich zwar kurz an das Konzentrationslager, aber der Marktplatz mit seinen barocken Häusern heitert mich sogleich auf.

Die Donau windet sich hier durch ein Tal ähnlich der Schlögener Schlinge. Herrlich erleuchtet tauchen sie nach einer Kurve auch schon auf, die Burg von Grein und das malerische Städtchen mit dem kleinen Klappstuhl-Theater. Natürlich hat die Eisdiele jetzt geschlossen, auf die ich mich jedes Mal freue, wenn ich aus der Wachau nach Passau zurückfahre.

Vorbei geht es an kleinen Marktflecken, mir wird bewusst, wie herrlich es hier und heute ist, unterwegs zu sein: kaum Menschen, kaum Licht in den Häusern, wahrscheinlich alle gemeinsam bei Familien beim Feiern oder in den Städten auf großen Partys. Es ist die beste Entscheidung gewesen, durch dieses einsame Tal zu fahren. Gegenüber von Melk parke ich am Fluss, klappe meinen Laptop auf und suche nach einem »Heurigen«. In Dürnstein hat keine Gaststätte mehr offen, aber in Weißenkirchen ist noch bei einer Familie »ausg'steckt«.

Melk rechter Hand liegen lassend, überquere ich die Brücke

zur rechten Flussseite, wo die Straße sanft durch die Wachau führt. Die linksseitige Uferstraße führt ab hier vorbei an Spitz und Weißenkirchen nach Dürnstein, doch direkt auf einer ausgebauten Schnellstraße, nicht mehr die Ortskerne berührend. Die Straße schlängelt sich unterhalb der Burgruine Aggstein mit den kleinen Rosengärten dahin, durch Dörfer und an einem Römerkastell vorbei. Ich weiß noch, wie ich im Herbst diese Strecke gefahren bin, als mich Paul Kastner, mein Fraktionsvorsitzender aus dem Passauer Stadtrat, am Handy erreichte und mir mitteilte, dass man mich endgültig aus der Fraktion werfen möchte. Ich hoffe, dass ich mit dem Brief an Urban Mangold diese Entscheidung rückgängig machen kann. Das war damals ein seltsamer Tag und ich konnte meine Wachau gar nicht genießen.

Ich bin in Gedanken auf einmal ganz woanders, kann den Abend gar nicht mehr genießen. Mir fehlt die beruhigende und besänftigende Stimmung der Eremitenstube. Auf der anderen Flussseite tauchen im orangefarbenen Licht der Lampen die Städte auf. Die Ruine Dürnstein erhebt sich über dem gleichnamigen Ort. Ich überquere die alte gusseiserne Brücke, sehe mein Ziel, Stift Göttweig, auf dem Berg thronend im Rückspiegel und fahre hinüber nach Krems und flussaufwärts Richtung Dürnstein mitten hinein in den Ortskern.

Ich laufe durch die Gassen ohne Touristen, vorbei an der Marillenverkaufsstelle, wo ein *Golden Retriever* im Sommer die Kunden anlockt: Er schmiegt sich einfach an sie, wenn sie vor dem Laden stehen bleiben, animiert sie, ihn zu streicheln, und drängt sie dabei unmerklich in den Laden hinein.

Doch heute ist alles wie ausgestorben, kein Heuriger hat offen. Beim *Alten Presshaus* sind unter einer Weinpresse aus Holz auf mehreren Tischen Fleisch, Käse und Trauben aufgedeckt. Ein Schild an der Tür informiert: Geschlossene Gesellschaft. Leute in Tracht sind zu sehen, wahrscheinlich Dürnsteiner.

Ich verlasse Dürnstein, komme auf die Schnellstraße und fahre nach Weißenkirchen. Dort fahre ich langsam von Heurigenschenke zu Heurigenschenke. Wo brennt Licht? Tatsächlich: »Ausg'steckt is'« in einer Pension! Ich parke ein paar Meter oberhalb, stapfe durch den Schnee zur Treppe und öffne die Tür zur Gaststube. Es ist ein ehemaliger Keller, holzvertäfelt, mit gemütlichen Tischen. Einer ist noch frei. Ich nehme Platz und bestelle mir eine »Brettljaus'n« und ein Viertel Traubensaft »gespritzt«. Ich trinke keinen Alkohol und das nicht nur, weil ich heute noch Auto fahren muss. Das hat so angefangen: Als ich 15 war, haben meine Mitschüler angefangen, sich immer wieder sinnlos zu betrinken. Ich wollte in der Jugendgruppe, die ich als Oberministrant geleitet habe, solche Saufexzesse nicht fördern. Darum habe ich gesagt, *ich* trinke gar nichts. Ohne Alkohol bin ich immer fit, bin Herr meiner Sinne und kann Auto fahren. Ich gönne jedem sein alkoholisches Getränk, wenn er genuss- und maßvoll trinkt. Aber jeder, meine ich, der mehr als zum wirklichen Genuss trinkt, schluckt nur irgendetwas hinunter. Ich habe immer mit den Jugendlichen angefangen darüber zu diskutieren. Tatsächlich ist es bei meinen Ausflügen nie zu Exzessen gekommen.

Es sind viele Einheimische da. Auch zwei Musikanten, Fritzi und Sepp. Der Fritzi trägt ein weißes Hemd und hat schon einen leicht roten Kopf. Der Sepp im hellblau-gestreiften Hemd ist gut gelaunt. Sie spielen ab und zu auf ihren Ziehharmonikas, abwechselnd oder sie versuchen, gemeinsam zu spielen. Es wirkt, als hätten sie sich erst heute kennengelernt. Die Stimmung ist ausgelassen, passend zur Wachau und zu meinem Silvester. Immer wieder kommen Leute hinzu. Auf einmal nehme ich wahr, wie mich alle schmunzelnd ansehen. Eine Frau vom Nachbartisch spricht mich an, was ich mir denn notiert habe. Ich habe nämlich meine Beobachtungen auf einen Zettel geschrieben. Es stellt sich heraus, dass die Frau aus der Nähe von Passau ist und mich kennt. Wir unterhalten uns also über die Eremitenzeit, auch übers Volksbegehren und dann ist es auch schon Zeit, dass ich mich verabschiede. Obwohl man mich herzlich einlädt, doch länger zu bleiben und mit allen zu Silvester anzustoßen, mache ich mich auf nach Göttweig.

Gelebte Spiritualität

Das Stift Göttweig liegt auf einem Bergrücken mit einem wunderschönen Blick. Die Klosteranlage wurde nie fertiggestellt, sodass sie nur zur Donau hin eine beeindruckende, geschlossene Fassade aufweist. Die Rückseite ist offen.

Vom Parkplatz aus leitet mich ein Wegweiser zur Andacht in die Kirche. Ein Frater geht mit mir in die Krypta und von dort durch eine Tür in den Kreuzgang hinaus. Um die Osterkerze in der Mitte stehen etwa dreißig Gläubige. Eine kleine Musikgruppe mit zwei Gitarristen hat sich in einer Nische neben einem Sarkophag aufgestellt. Alle halten Kerzen in den Händen und Liedzettel. Mir drückt ein netter Mönch ebenfalls eine Kerze in die Hand und ich stelle mich dazu. In den verbleibenden zehn Minuten bis halb zwölf gesellen sich weitere zwanzig Leute zu uns, viele in Sandalen, sodass ich vermute, dass hier im Kloster ein Kurs zum Jahreswechsel stattfindet. Nachdem der Abt mit zehn weiteren Mönchen eingetreten ist, eröffnet er die gemeinsame Andacht. Die Stimmung in dem nur durch Kerzen erleuchteten Kreuzgang ist einzigartig. Das Gefühl der Verbundenheit mit einer jahrhundertealten Klostertradition gibt mir ein sehr warmes und geborgenes Gefühl – ein idealer Abschluss dieser Eremitenwoche. Nachdem wir ein gemeinsames *Vaterunser* gebetet haben, gehen wir singend in die Krypta, wo wir alle niederknien und der Abt uns den Segen erteilt. Nach einigen persönlichen Worten darf sich jeder einen kleinen Zettel mit einer persönlichen Schutzheiligen für das nächste Jahr aus einem Körbchen nehmen. Auf meinem Zettel steht Elisabeth Canori Mora, eine italienische Ordensfrau aus dem 18. Jahrhundert. »Elisabeth« bedeutet im Hebräischen »Gott ist Fülle« und erinnert mich an meine Lieblingstante Elisabeth in München, mit der ich schon viele Gespräche über Kunst, Kultur und das Leben geführt habe und die mir immer wieder Unterschlupf bietet, wenn ich die Nacht in München verbringen muss.

Es gefällt mir ausgesprochen gut, dass sich Elisabeth Canori Mora eifrig für die Armen und Kranken, für die Prostituierten und auch für die Sündigen eingesetzt hat. Ermutigt und gestärkt durch ihre Liebe zu dem dreifaltigen Gott habe sie sich engagiert, so informiert der Zettel.

Wir gehen aus der Krypta die Treppen hinauf in die dunkle Kirche, schreiten durch das Langhaus hindurch auf den Vorplatz der Kirche. Dort ist in einem Feuerkorb ein loderndes, bei dieser Kälte herrlich wärmendes Feuer entfacht, um das sich die kleine Gemeinschaft schart. Man hört bereits einige verfrühte Böller, die den bevorstehenden Jahreswechsel ankündigen. Als die Glocken zuerst viermal, danach tief und volltönend zwölfmal schlagen, ist das neue Jahr angebrochen. Wir wünschen uns gegenseitig ein frohes neues Jahr und hören, wie in der Ferne drunten im Donautal die Menschen ihre Raketen abschießen. Immer lauter dringt der Lärm zu uns herauf. Aber von diesen Böllern ist hier nichts zu sehen, kein einziger Lichtstern, nur das dumpfe Knallen. Ich denke an Sigi, wie er auf dem Linzer Turm steht, und hoffe für ihn, dass er eine gute Sicht hat. Aber von diesem Feuerwerk, bei dem so viel Geld in den Himmel geschossen wird, einmal so gut wie nichts mitzubekommen, sondern vor einem Feuer im Innenhof einer Klosteranlage zu stehen, ist ein würdiger Abschluss meiner Eremitenwoche. Und jetzt beginnt das große Glockenkonzert. Zuerst fängt die am höchsten gestimmte Glocke an zu läuten, dann der Reihe nach die tiefer gestimmten, bis zur ganz großen. Sechs Glocken hängen im Geläut. Dann erklingt das Ganze in umgekehrter Reihenfolge. Und abwechselnd in verschiedenen Akkordvarianten erschallt das große Glockengeläut aus den beiden Türmen im Stereoklang. Das ist ein Feuerwerk an himmlischen Kirchenklängen, das uns in das neue Jahr begleitet!

Der Abt lädt uns nun alle in den Benediktinersaal zu einem kleinen Sektumtrunk ein. Es gibt nicht nur Sekt, sondern auch wärmenden Glühwein und Orangensaft. Frater Antonius kommt mit einem Plattenspieler und einer Lautsprecherbox auf uns zu. Er sagt, in Österreich sei es nun einmal Brauch, als Eröffnung des neuen Jahres den Donauwalzer zu tanzen. Und so fordere ich kurzentschlossen eine der Teilnehmerinnen vom Schweigeexerzitienkurs auf und tanze einen Walzer mit ihr. Später führe ich mit einem Mönchsbruder noch ein sehr ernstes Gespräch über seine persönliche Situation in der Gemeinschaft. Mit einem anderen Bruder amüsiere ich mich aber auch köstlich über meine Studienkollegen aus Passau, die er von einer gemeinsamen Wallfahrt nach Altötting kennt.

Die Mönche versuchen mich zu überreden, im Kloster zu übernachten, denn es ist inzwischen schon wieder kurz nach zwei und sie lassen mich ungern den weiten Weg nach Passau heimfahren. Ich möchte aber definitiv nach Hause fahren und verabschiede mich. Frater Benjamin steckt mir zum Abschied noch einen kleinen Neujahrssegen in meine Jackettasche. Ich gehe hinaus, vorbei am nun nicht mehr ganz so hellauf lodernden Neujahrsfeuer, durch den Göttweiger Klosterinnenhof zu meinem Auto. Bevor ich in mein normales Leben nach Passau zurückkehre, klappe ich den Neujahrsgruß von Frater Benjamin auf. Von Hoffnung ist die Rede, die darin liegt, dass Gott alles Neue segnet. Danke.

VISION VOLKSBEGEHREN

Während ich dieses Buch im Frühjahr 2011 geschrieben habe, hat sich in der Welt einiges grundlegend verändert. Vor der japanischen Küste bebte die Erde und der Tsunami führte im Atomkraftwerk Fukushima zum Super-GAU. Für langjährige Kämpfer gegen Atomkraft war dies das Ereignis, vor dem wir immer gewarnt hatten. Wie schnell sich doch im Anschluss daran die Haltung einer Regierung ändern kann, die vor Kurzem noch den Ausstieg aus dem Ausstieg der Kernenergie verkündet hatte und sich nun als der Beschleuniger für die Entwicklung erneuerbarer Energien darstellt! Aber wenn eine Regierung es wirklich ernst meint, dann müsste sie auch gegen den Euratom-Vertrag angehen. Der Euratom-Vertrag, 1957 beschlossen, verpflichtet die europäischen Bündnisstaaten jährlich mehrere hundert Millionen Euro in die Erforschung der Kernenergie zu stecken und sich um die Verbreitung der »friedlichen Nutzung von Kernenergie« zu kümmern im Hinblick auf Länder, die sie noch nicht haben. Ein Vertrag, der sich nicht um die Endlagerung des atomaren Mülls und die Sicherheit von Kernkraftwerken kümmert, sondern ganz klar ausschließlich dem Profitgewinn dient!

Eine Gruppe von Österreicherinnen und Österreichern hat im Februar 2011 aus der katholischen Jugendarbeit heraus eine Abstimmung darüber, ob Österreich weiter Vertragspartner bleiben sollte, initiiert. Ich habe diesen Abstimmungstext aufgegriffen und als Petition an den Deutschen Bundestag eingereicht. Wir sammelten innerhalb von fünf Wochen mehr als 30.000 Unterschriften, damit Deutschland aus dem Euratom-Vertrag aussteigt – nicht aus der EU – und dafür eintritt, einen Eurosolar- und Windenergie-Vertrag oder, besser noch, einen

Euroenergieeffizienz-Vertrag in die Europäische Union einzubringen. Nachdem sich auch auf europäischer Ebene beim Atomausstieg nichts vorwärtsbewegt, sondern durch die Abmilderungen der Stresstests der Atomkraftwerke auch hier wieder die Konzernmacht über Politik gesiegt hat, hat der ÖDP-Bundesparteitag auf meinen Antrag hin beschlossen, dass wir eine europäische Bürgerinitiative zum Atomausstieg starten. Die europäische Bürgerinitiative führt leider nicht wie ein Volksbegehren oder Volksentscheid mit einer endgültigen Abstimmung zu einem Gesetz, es gibt dem europäischen Volk lediglich Initiativrecht. Es gilt, eine Million Unterschriften zu sammeln. Diese müssen aus sieben EU-Mitgliedsstaaten stammen, dann wird diese europäische Bürgerinitiative der Europäischen Kommission und im Europa-Parlament vorgelegt und diese Kommission kann darüber beraten und abstimmen.

Es ist sicher noch nicht die optimale Form der Bürgerbeteiligung, aber es ist ein erster Schritt. Momentan arbeiten *Democracy International* und vor allem Gerald Häfner vom Verein *Mehr Demokratie* und Europa-Abgeordneter der Grünen daran, wie die Ausführungsbestimmungen und Zeichnungsbestimmungen für diese europäische Bürgerinitiative, auch *European Citizens Initiative* genannt, ausgestaltet werden. Die ersten Initiativen sollen im Herbst 2011 oder im Frühjahr 2012 gestartet werden. Die ÖDP hat auf dem Bundesparteitag beschlossen, europaweit die Antiatomkraftinitiativen an einen Tisch zu bringen, damit bei diesem entscheidenden Thema endlich durch die Bevölkerung abgestimmt werden kann, da die Politik viel zu oft wirtschaftlichen, ausbeuterischen und lebensfeindlichen Interessen nachgibt. Ich werde mich hier im gemeinsamen Zusammenführen der Initiativen mit einbringen und Kampagnen-Ideen entwerfen. Es wird sicher nicht das letzte Volksbegehren zu diesem Thema sein. Ich würde gern in Bayern die 5%-Hürde angehen, die mir während des Volksbegehrens zum Nichtraucherschutz so schweres Kopfzerbrechen bereitet hat. Doch das ist ein sehr langer und schwieriger Weg, da es ein Gerichtsurteil gibt, das unverständlicherweise behauptet, verbesserte Eintragungshürden für Volksbegehren würden der Demokratie widersprechen. Man muss wissen, dass das Bayrische Verfassungsgericht mit einfacher Mehrheit der Staatsregierung besetzt wird und es daher sehr CSU-freundliche Entscheidungen trifft. Im Verein *Mehr Demokratie*, wo ich auch in Bayern in der Vorstandschaft bin, werden wir bei diesem Thema versuchen, über einen Meinungsbildungsprozess mit politischen Parteien, Hochschulprofessoren und Journalisten in einigen Jahren eine Abstimmung dazu herbeizuführen. Den bundesweiten Volksentscheid einzuführen, ist eine Vision, die umzusetzen sehr schwierig wird, aber wir sind dran. Momentan sind wir im Verein *Mehr Demokratie* dabei, in Schleswig-Holstein eine Bundesratsinitiative durch ein Volksbegehren in die Wege zu leiten.

Eines kann ich Ihnen, liebe Leserinnen und Leser, jetzt schon verraten: Im Frühjahr 2012 wird es mit größter Wahrscheinlichkeit ein weiteres Volksbegehren geben. Ein Volksbegehren, das nicht, wie viele es vermuten, den Alkohol verbieten wird. Denn wenn ich auch sehr strenger Anti-Alkoholiker bin, meine ich, starkes Alkoholtrinken schädigt prinzipiell nicht andere, sondern nur sich selbst. Und dort, wo Alkoholtrinken zur Gefahr für andere werden könnte, im Straßenverkehr, werden schließlich Grenzen gesetzt. Keine Angst, es wird keine Prohibition in Bayern kommen! Es wird auch kein Verbot von fettigem Essen wie der Schweinshaxe geben, was manche befürchten, die mich gern als Spaß- und Lustbremse bezeichnen.

Es wird ein Volksbegehren zum demokratischen Prozess an sich sein. Eine Partei wird dann vor einer großen Herausforderung stehen. Aber Sie werden verstehen, dass ich Ihnen nicht mehr verraten kann, denn die Initiative muss wie eine Bombe einschlagen und darf daher im Vorfeld nicht diskutiert werden.

NACHWORT

Wie dieses Buch entstand

Ich möchte mich bedanken, vor allem bei meiner Mutter, die meine in ungewöhnlicher Umgebung auf Band gesprochenen Texte getippt hat. Ihr war wichtig, so wenig wie möglich am Text zu ändern und trotzdem so manche Stelle genauer auszuformulieren und zu verbessern. Das Buch entstand im Frühjahr 2011. Es war Wahlkampfzeit in Baden-Württemberg und Rheinland-Pfalz, in Hamburg und Hessen, eine Zeit, in der ich als Bundesvorsitzender der ÖDP sehr viel unterwegs war. So entstand das Buch im Auto bei ziemlicher Kälte vor Kloster Maulbronn, an wärmeren Vorfrühlingstagen vor dem Kloster Birnau am Bodensee, auf der Autofahrt vom Bodensee nach Rothenburg ob der Tauber, auf einer Bank mit Sonnenuntergangsblick auf der Wehrmauer vor Rothenburg, auf der Fahrt von Heidelberg durchs Neckartal vorbei an wunderschönen Burgen, auf der Fahrt von Innsbruck über St. Johann nach Berchtesgaden, auf der Schwarzwaldhochstraße beim Murmelsee, während eines Spaziergangs um den Murmelsee, im Auto bei Regen vor St. Koloman mit Blick auf Neuschwanstein und Hohenschwangau, während die Wolken aufrissen und die Schlösser und die schneebedeckten Berge im Hintergrund in wunderbarem Licht aufstrahlten, auf der Fahrt von Tittmoning, wo wir gerade das Paulus-Musical aufgeführt hatten, über Burghausen und Schärding nach Passau, in der Wallfahrtskirche Zell im Oberallgäu, vor den Wandmalereien aus dem 14. Jahrhundert, in der römischen Pforte in Trier im obersten Stockwerk auf alten, ohne Mörtel zusammengefügten Steinquadern, auf der Fahrt durchs Moseltal bei einem Besuch der Burg Eltz, im Kreuzgang von Kloster Eberbach nach einer Fahrt durchs Mittelrheintal, bei frühlingshaftem Sonnenschein auf der *Darmstädter Höhe* an den Jugendstilhäusern vorbei und zu guter Letzt auch in meiner Wohnung.

Bedanken möchte ich mich besonders bei Michaela Breit vom Kösel-Verlag, meiner Lektorin, die mich auf die Idee gebracht hat, dieses Buch zu schreiben, für ihre Herzlichkeit, ihre Liebenswürdigkeit, ihre Fürsorge, ihr grandioses Lektorat.

Danken möchte ich Lukas Musilek, der für dieses Buch Fotos zur Verfügung gestellt hat.

Danken möchte ich auch denen, die mich im Lauf der Jahre mit ihren Texten inspiriert haben: Mike Mischkowski, Bernhard Suttner, Erich Wimmer.

Und ich danke Ihnen, den Leserinnen und Lesern. Es würde mich freuen, wenn Sie etwas mitgenommen haben von der Atmosphäre der Eremitenstube, aber auch von den Visionen, die sich im Turm einer Kirche eingestellt haben, die an wunderbaren Orten in Deutschland ausgesprochen und später niedergeschrieben wurden.

Nehmen Sie sich Zeit für Abstecher abseits der Autobahn, die nur wenig Zeit kosten, jedoch die Seele nähren, uns eintauchen lassen in unsere Identität und Vergangenheit und gleichzeitig Nahrung geben für unsere geistige und kulturelle Zukunft.

Vielleicht ist Ihre Lektüre aber auch geprägt von einer Zeit politischer Unruhen – wie in Nordafrika –, von verändernden Katastrophen – wie in Japan –, in der es meiner Meinung nach immer wichtiger wird, dem Wirtschaftswachstum Grenzen aufzuzeigen, endlich nachhaltig den Planeten zu schonen, eine wieder mehr am Menschen orientierte Politik zu betreiben. Das erfordert eine radikale Umkehr, wie sie bereits Jesus predigte. Das heißt, das Reich Gottes hier und heute mit aufzubauen, zum Beispiel indem die Bürgerinnen und Bürger ihre Verantwortung ergreifen, mitbestimmen und abstimmen können, indem sie mehr Recht und Würde erhalten.

Wenn Sie ebenfalls dieser Meinung sind, dann packen wir es an! Fragen wir bei unseren Politikern nach, warum sie nicht den bundesweiten Volksentscheid vorangetrieben haben, warum sie verhindern, dass der Souverän, das Volk, wie es im Grundgesetz, Artikel 20, steht, auch wirklich der oberste Souverän unserer Demokratie ist. Schreiben wir unseren Abgeordneten E-Mails, fragen wir kritisch nach, bleiben wir aber auch selbstkritisch und fangen auch im Kleinen an, etwas zu verändern. *Wir* haben es in der Hand, wenn wir es nur wollen und uns unserer Verantwortung stellen, die Welt zu verändern.

Wenn Sie anders oder ähnlich denken, so würde es mich freuen, wenn Sie mich kontaktieren über Facebook oder per E-Mail, denn es gibt beinahe nichts Wichtigeres, als in einem fairen Geist der Auseinandersetzung zu diskutieren. Ich möchte meine Philosophie und meine Visionen reflektieren, überprüfen und weiterentwickeln.

So können wir anfangen, gemeinsam die Zukunft zu gestalten.